Irmtraud Habib

# Unter der heißen Sonne von Bagdad

Meinen beiden Kindern, Samer und Yasmin,
und meinen Enkelkindern gewidmet.

Irmtraud Habib

# Unter der heißen Sonne von Bagdad

## Meine Jahre im Irak

Der andere Orient 19

GLARÉ

**Bibliografische Information Der Deutschen Bibliothek**

Die Deutsche Bibliothek verzeichnet diese Publikation in der Deutschen Nationalbibliografie; detaillierte bibliografische Daten sind im Internet über http://dnb.ddb.de abrufbar.

1. Auflage 2004

Postfach 500 717, 60395 Frankfurt/Main
www.glareverlag.de

Umschlaggestaltung: Glaré Design
Fotos: Privat
ISBN 3-930761-36-X

Es ist meine Lebensgeschichte, in der ich meine Kindheit schildere und wie ich meinen Mann Kadhim, den irakischen Studenten, kennen lerne und ihm in seine Heimat folge.

Ich beschreibe den Irak, seine Bewohner mit ihren Sitten und Gebräuchen sowie ihren Glauben, wie ich sie erlebt habe.

In meinen Erinnerungen gehe ich auch auf die Politik des verhassten Baath-Regimes ein. Viele Menschen, so auch mein Mann, wurden verhaftet und gefoltert. Tausende mussten mit ihrem Leben bezahlen.

Wir flüchteten nach Algerien und verbrachten dort einige Jahre. Später verließen wir Algerien, da sich mein Mann dem Partisanenkampf im irakischen Kurdistan anschloss, und ich flog mit den Kindern in die DDR zurück.

Im letzten Teil schildere ich, wie es mir als Rücksiedlerin erging und mit welchen Schwierigkeiten ich plötzlich in der DDR konfrontiert war.

## Meine Kindheit

In einem kleinen thüringischen Dorf namens Vogelsberg wurde ich geboren. Der Ort liegt zwischen den Städten Weimar und Erfurt und ist von einer hügeligen Landschaft umgeben. Der Clausberg mit einer Höhe von 192 Metern ist der höchste Berg, an dem sich der Ort entlangzieht. Aus der Chronik von Vogelsberg geht hervor, dass im 14. Jahrhundert an den Hängen des Clausberges Wein angebaut wurde. Vereinzelt sind heutzutage noch alte Weinstöcke zu finden.

Es war Anfang September 1939, als ich geboren wurde. Kurz vor meiner Geburt war mein Vater in den Krieg eingezogen worden und meine Mutter blieb mit mir und meiner älteren Schwester allein. Wir wohnten in der oberen Etage eines Mietshauses, von dessen Fenstern aus wir auf die gegenüberliegende Kirche und den dazugehörigen Friedhof blickten. Daran grenzte das Gutshaus, das wir und andere Leute während des Krieges öfters aufsuchen mussten, denn unter dem Gebäude befand sich ein großer Keller, der den Einwohnern Schutz vor Bombenangriffen bot.

Obwohl ich noch sehr klein war, ist mir doch eine Begebenheit in Erinnerung genblieben: Ein Bombenangriff stand unmittelbar bevor, denn die Sirenen heulten und alle Nachbarn rannten schon zum Luftschutzkeller in das Gutshaus. Auch unsere Mutter wollte schnellstens mit uns beiden das Haus verlassen. Ich aber umklammerte meine große Puppe und weigerte mich, sie loszulassen. Die Puppe mitzunehmen war hinderlich, doch mir das zu erklären, dafür hatte meine Mutter in diesem Moment auch keine Zeit. In aller Eile nahm sie mir die Puppe weg und warf sie in den an unserem Hausausgang stehenden Kinderwagen. Daraufhin begann ich laut zu weinen, denn ich wollte unbedingt meine Puppe mitnehmen.

Als Kinder freuten wir uns immer auf das Weihnachtsfest, besonders auf den geschmückten Tannenbaum und die kleinen Geschenke, die darunter lagen. Kurz zuvor lernte ich stets noch eifrig mit meiner Schwester ein Gedicht für den Weihnachtsmann. Ich war damals sehr aufgeregt, als am Heiligen Abend an die Tür geklopft wurde und der Weihnachtsmann in die Stube trat. Ganz verängstigt trug ich ihm mein Gedicht vor: „Lieber, guter Weihnachtsmann …“ und wartete dann auf mein Geschenk. Doch er zog anstelle des erwarteten Päckchens einen Stock und eine Möhre aus seinem großen Sack hervor.

Enttäuscht und mit Tränen in den Augen nahm ich beides entgegen. Ich war wohl nicht immer artig gewesen und das war nun die Strafe. Der Weihnachtsmann hatte aber doch Mitleid mit mir, er suchte in seinem Sack noch einmal nach einem passenden Geschenk. Während er es mir überreichte, wischte ich schnell die Tränen weg konnte schon wieder lächeln, als ich dem Weihnachtsmann dankte.

Obwohl es schon lange her ist, erinnere ich mich noch gut an das Motorrad, das mit einer Decke behangen in unserer Wohnung stand. Es gehörte unserem Vater, er hatte es kurz vor dem Krieg gekauft. Auf der Suche nach einem sicheren Platz während seiner Abwesenheit hatte er das Motorrad mit Freunden nach oben in die Wohnung geschleppt, wo es den Krieg über gut untergebracht war.

Im April 1945 marschierten dann die Amerikaner in unser Dorf ein. Die Bewohner hatten alle Waffen abzugeben, die anschließend zerstört wurden. Doch die Soldaten waren auch hungrig und so durchsuchten sie die Häuser auch nach Essbarem. In unserem Keller fanden sie nur eingewecktes Obst und rohe Eier. Trotzdem aßen sie alles auf und zurück ließen sie eine Taschenlampe und Kekse. Über die Kekse freuten wir uns ganz besonders.

In dieser Zeit begannen auch die Plünderungen und die Dorfbewohner wurden gezwungen, Fotoapparate, Fahrräder und andere Fahrzeuge herauszugeben. Bei dieser Aktion wurde schließlich unser Motorrad entdeckt und mitgenommen. Einige Monate später trafen auch die Soldaten der Roten Armee ein und der Krieg war beendet.

Nun kamen in unser Dorf viele Frauen mit ihren Kindern und ältere Leute, die aus Ostpreußen, Schlesien oder Pommern stammten. Die Bauern, die größere Häuser besaßen, wurden verpflichtet, diesen Familien Wohnraum zur Verfügung zu stellen. Viele von ihnen arbeiteten dann auf den Höfen und verdienten sich als Tagelöhner ein wenig Geld.

Gleich nach dem Kriegsende kehrte unser Vater unverletzt nach Hause zurück und wir waren sehr glücklich. Er war nun auf der

Suche nach Arbeit. Zunächst begann er auf einem Bauernhof bei einer Witwe zu arbeiten. Manchmal brachte er uns von dort ein dick beschmiertes Butterbrot mit nach Hause und unsere Mutter verteilte die Butter so, dass jeder etwas davon abbekam.

Am 1. September 1945 wurde ich eingeschult. Ich freute mich auf diesen Tag, denn ich bekam eine Zuckertüte, die mit einigen Süßigkeiten und Plätzchen gefüllt war.

Es war eine schwere Zeit damals, denn es fehlte an Nahrungsmitteln, Brennmaterial und Kleidung. Für uns Kinder wurde deshalb aus alter Kleidung neue gefertigt. Der Soldatenmantel unseres Vaters beispielsweise ergab warme Jacken für meine Schwester und mich. Schuhe wurden zu der Zeit nur gegen Abgabe eines Bezugsscheines verkauft. Sie waren sehr primitiv verarbeitet und hatten anstelle einer Leder- oder Gummisohle eine Holzsohle. Im Sommer trugen wir Plastiksandalen, die den heutigen Badeschuhen ähnelten.

Als es dann langsam dem Winter entgegen ging, fehlte in allen Haushalten Kohle zum Heizen. In der Schule saßen wir oft in einem kalten und verqualmten Klassenraum, da das vorhandene nasse Holz sehr schlecht brannte. Der Ofen gab keine Wärme ab, sondern nur Rauch, der aus allen Fugen quoll. In der Pause freuten wir uns dann auf die tägliche Schulspeisung, die aus einem halben Brötchen mit Butter und Marmelade bestand. Es schmeckte uns vorzüglich und wir aßen es mit großem Appetit auf.

In der Nachkriegszeit kämpfte jeder um zu überleben. Dabei ging es den Dorfbewohnern im Allgemeinen noch besser als den Städtern. Die Stadtbevölkerung wanderte daher auf die Dörfer, um dort ihre persönlichen Sachen gegen Nahrungsmittel einzutauschen. Auch nach der Ernte strömten die Städter in die Dörfer, um auf den Feldern die restlichen Ähren aufzulesen oder die Erde nach liegen gebliebenen Kartoffeln zu durchsuchen. Wegen der Knappheit an Nahrungsmitteln und an Kohlen war der Staat gezwungen, die Lebensmittel- und Kohlenkarte einzuführen. Dadurch wurde gesichert, dass jeder Haushalt eine begrenzte Menge kaufen konnte.

Meine Eltern hatten sich entschlossen, ebenfalls Landwirtschaft zu betreiben. Die Pflegetante meines Vaters, die schon etwas älter war und ein Haus mit Gehöft im gleichen Ort besaß, vermachte meinem Vater einige Hektar Ackerland. Da sie uns auch einige Zimmer in ihrem Haus überließ, zogen wir zu ihr.

Mit einem Ochsen als Zugtier und mit eigener Muskelkraft wurde der Acker gepflügt, bestellt und geerntet. Das reife Getreide mähte unser Vater damals noch mit der Sense. Auch meine Schwester und ich mussten nach Schulschluss und auch sonntags auf dem Feld helfen. Das fiel uns Kindern nicht leicht, denn wir hätten gern nach der Schule gespielt, wie es die anderen Kinder taten. Doch wir beide mussten uns nach Schulschluss, während der heißen Mittagszeit, mit einer Tonflasche Malzkaffee in der Hand auf den Weg in das Feld machen. Langsam trotteten wir den staubigen Feldweg entlang, bis wir endlich müde das abgelegene Feld erreichten, wo unsere Eltern bereits auf uns warteten. Erschöpft legten wir dann eine kleine Rast ein, bevor wir begannen, bei der Ernte des Getreides mitzuhelfen.

Während der Feldarbeit beobachtete ich die Flugzeuge, die über uns hinwegflogen. In meiner kindlichen Vorstellung wünschte ich mir sehnlichst, man möge mir doch ein Paar rote Schuhe herabwerfen.

Obwohl für das Lernen in der Schule wenig Zeit blieb, hatte ich gute Noten. Abends saßen wir dann bei Kerzenlicht und erledigten unsere Schulaufgaben, denn die Elektrizität war knapp und deshalb wurde täglich, auch in den Abendstunden, der Strom abgestellt.

Die Einwohnerzahl von Vogelsberg mit seinen ungefähr zweihundert Häusern war nach 1945 deutlich angestiegen. Wo im Jahr 1939 noch 850 Menschen lebten, fanden sich nun 1 450 Männer, Frauen und Kinder. Doch in der Entwicklung war der Ort zurückgeblieben, lediglich die Hauptstraße, die durch das Dorf führte, war gepflastert. Die Nebenstraßen hingegen waren unbefestigt und sobald es regnete, mussten wir durch Schlamm und Pfützen waten.

Damals ging jeweils gegen Abend noch ein Gemeindediener durch die Straßen des Dorfes. In der Hand hielt er eine große Glocke, die er ständig zum Läuten brachte. An bestimmten Stellen blieb er stehen und wartete, bis die Bewohner sich vor ihren Häusern einfanden. Dann begann er mit lauter Stimme, die Bekanntmachung des Bürgermeisters vorzulesen.

Die Dorfbewohner waren vorwiegend Bauern. Die meisten Häuser hatten damals weder ein Badezimmer noch eine Toilette mit Wasserspülung. Überall wurde das berühmte Plumpsklo benutzt, das sich außerhalb des Hauses befand.

Sonnabend war jeweils der Badetag der gesamten Familie. Bei uns zu Hause wurden gegen Abend alle Töpfe mit Wasser gefüllt und auf der Herdplatte zum Erwärmen gebracht. In einer großen länglichen Zinkbadewanne, die in der Wohnküche aufgestellt wurde, badeten wir. Zuerst kamen wir Kinder an die Reihe und danach badeten unsere Eltern.

Vogelsberg war und ist bis zum heutigen Tag nicht an das Eisenbahnnetz angeschlossen. Wer in die nächstliegende Stadt fahren wollte, musste den Bus benutzen. Kurz nach dem Krieg begann ein Privatunternehmer, die Strecke von Buttstädt über die Dörfer nach Sömmerda mit sehr alten und klapprigen Bussen zu befahren. Es war mir und meiner Schwester besonders peinlich, wenn wir in der Kleinstadt in diesen hässlichen Bus einsteigen mussten, um wieder nach Hause zu fahren. Wir hatten jedoch keine andere Wahl, es war die einzige Möglichkeit, in die Stadt zu gelangen.

Ich ging schon zur Schule, als ich Unstimmigkeiten zwischen meinen Eltern bemerkte. Mein Vater hatte eine Beziehung zu der Witwe, bei der er anfangs gearbeitet hatte. So herrschte zu Hause ein sehr angespanntes Klima, unter dem auch wir Kinder litten. Erst später, als wir größer wurden, normalisierte sich das Leben in unserer Familie und wir spürten wieder die Zuneigung unseres Vaters, die wir vorher sehr vermisst hatten.

Obwohl meine Kindheit dadurch und wegen der Nachkriegszeit nicht sehr glücklich verlief, gab es auch Lichtblicke mit schönen Erlebnissen.

Als Kind spielte ich mit meiner Freundin gern am Clausberg. Wir kannten uns dort gut aus und wussten, wo die Weintrauben wuchsen und wann sie reif waren. Auch im Winter, der oft sehr kalt und schneereich war, fuhren wir an den Hängen des Clausbergs Schlitten oder liefen Ski.

Meine ersten Schuljahre verliefen ganz normal. Jedoch erhielten wir ab der fünften Klasse einen neuen Lehrer, der sich sehr für uns engagierte. Er gründete einen Kinderchor und eine Akkordeongruppe und ich wirkte in beiden mit.

Mein Vater erstand daraufhin ein kleines Akkordeon für mich, das er durch ein Tauschgeschäft für eine Speckseite erhalten hatte.

Ich nahm bei einem Akkordeonspieler noch einige Unterrichtsstunden dazu und so lernte ich das Instrument nach Noten zu spielen.

Bei schönem Wetter unternahmen wir mit unserem Lehrer immer wieder Radtouren in das nahe gelegene Freibad von Sömmerda. Dort lehrte er uns Schülerinnen und Schüler Schwimmen und am Ende der Schulzeit legten wir die Prüfung für den Frei- oder sogar den Fahrtenschwimmer ab. Gern erinnere ich mich auch an die Klassenfahrten, die wir mit unseren Lehrern in bekannte Städte Thüringens unternommen haben.

Als ich zehn Jahre alt war, stellte der Arzt bei mir eine Rückgratverkrümmung fest. Ich war ziemlich schnell gewachsen und hatte noch dazu eine schlechte Körperhaltung. Deshalb überwies mich der Arzt für sechs Wochen in das orthopädische Krankenhaus nach Erfurt.

Die Sommerferien hatten begonnen und meine Mutter packte den Koffer für den Krankenhausaufenthalt. Am nächsten Tag fuhr sie mit mir nach Erfurt. Als sie sich dann im Krankenhaus von mir verabschiedete, war ich schon ein wenig traurig.

Das Zimmer, das ich mit anderen Kindern belegte, war nicht sehr freundlich. Es war dunkel und hatte nur unterhalb der Decke ein kleines, längliches Fenster. Oft stiegen wir auf die darunter befestigte Heizung, um einen Blick auf die Straße zu werfen. Anfangs hatte ich große Sehnsucht und weinte nachts.

Die größeren Mädchen waren in einem anderen Zimmer untergebracht, das sonnig war und normal große Fenster hatte. Abends hingen wir an den Fenstern und lauschten den Ziehharmonikaklängen, die aus dem angrenzenden Kasernenhof kamen. Ein Soldat spielte hier jeden Abend Lieder aus seiner Heimat und seine Kameraden sangen und tanzten manchmal dazu.

Am Wochenende war im Krankenhaus stets Besuchszeit und viele Kinder wurden abgeholt und verbrachten einige Stunden mit ihren Eltern. Ich hatte inzwischen große Sehnsucht und hätte mich über einen Besuch sehr gefreut, aber ich bekam nur ein einziges Mal Besuch, und zwar von meiner Schwester. Sicherlich waren meine Eltern so sehr mit der Ernte beschäftigt, dass sie nicht kommen konnten.

Kurz vor der Entlassung wurde dann von meinem Rücken ein Gipsabdruck angefertigt, in dem ich eine längere Zeit jede Nacht zu schlafen hatte.

Es war Oktober. Jedes Jahr in diesem Monat feierten die Dorfbewohner in Vogelsberg drei Tage lang das Kirchweihfest. Es war und ist hier und in den umliegenden Dörfern ein alter Brauch. Heutzutage ist das Kirchweihfest als Kirmes bekannt.

Als Kind freute ich mich sehr, wenn die Schausteller eintrafen und auf dem Kirchplatz ihre Karussells, Los- und Schießbuden aufbauten. Auch in den Familien wurden Vorbereitungen für das Fest getroffen: Überall wurde geputzt und manch ein Hausbesitzer strich sogar sein Haus mit neuer Farbe an. Die Frauen bereiteten zum Fest einen besonders guten Kuchen vor, der auf großen, runden Blechen gebacken wurde. Damals gab es noch keine elektrischen Öfen zu Hause und so wurden der vorbereitete Kuchen und auch das Brot beim Bäcker gebacken. Wir Kinder fieberten dem Moment entgegen, in dem der Kuchen fertig war. Dann liefen wir zum Bäcker, um die noch warme, duftende Köstlichkeit abzuholen. Das große, runde Kuchenblech transportierten wir stolz auf dem Kopf nach Hause, der durch einen dicken Topflappen geschützt wurde.

Zum Fest bekamen wir Mädchen ein neues Kleid und dazu Kirmesgeld. Es war nicht viel, was ich bekam, aber ich freute mich über die fünfzig Pfennig. Dafür kaufte ich mir ein Fischbrötchen, das ich so gern aß, und für den Rest fuhr ich zweimal Karussell. Für die Erwachsenen spielte an zwei Tagen eine Kapelle, die zum großen Kirmesball einlud.

Wenn die Kirmes vorüber war, bauten die Schausteller wieder ab. Sie zogen weiter in das nächste Dorf und bei uns kehrte wieder Ruhe ein.

Als ich in die sechste Klasse kam, begann für mich und die anderen Schülerinnen und Schüler der Konfirmandenunterricht. Obwohl meine Eltern nicht religiös waren und mich auch nicht so erzogen hatten, musste ich an dem Unterricht teilnehmen.

Zwei Jahre lang trafen wir uns nun wöchentlich im Pfarrhaus zum Konfirmandenunterricht, der sehr locker verlief. Im Mai 1953 fand dann in der Kirche die Prüfung statt. An diesem Tag fanden sich besonders viele neugierige Kirchenbesucher ein, die sich dafür interessierten, wie die einzelnen Prüflinge abschnitten. Die Prüfung bestanden wir alle und somit wurden wir in die Gemeinde der Erwachsenen aufgenommen. Anschließend feierten wir mit unseren Familien die Konfirmation.

Kurz danach begannen für uns Schüler der achten Klasse die Abschlussprüfungen. In der DDR endete zu dieser Zeit die Grundschulausbildung für alle Schüler.

Im selben Jahr begann sich in unserem Dorf eine positive Entwicklung zu vollziehen, denn eine Landwirtschaftliche Produktionsgenossenschaft (LPG) wurde gegründet, deren Vorsitz mein Vater innehatte. Anfangs schlossen sich vorwiegend die Kleinbauern zusammen und bearbeiteten den Boden gemeinsam mit modernen Maschinen, später mussten auch die Großbauern der Genossenschaft beitreten.

Für mich begann nach der Grundschule die Zeit der Lehre. Ich hatte mich dafür entschieden, den Beruf der Fachverkäuferin für Textilien zu erlernen. Die Ausbildung fand im Warenhaus in Sömmerda statt und so radelte ich in den Sommermonaten täglich dorthin. Nach meiner Lehre arbeitete ich noch eine gewisse Zeit in diesem Beruf und entschloss mich dann, an einer Fortbildung in Leipzig teilzunehmen.

Es war im Jahre 1959, als ich meinen Heimatort verließ und nach Weimar übersiedelte. Hier arbeitete ich wieder im Handel, jedoch als Lehrausbilder mit einer Gruppe Lehrlingen. Ab und zu fuhr ich mit meinem Motorroller nach Hause, wo ich feststellte, dass das Dorf in der Zwischenzeit schöner geworden ist. Die Straßen waren inzwischen alle gepflastert, eine moderne Straßenbeleuchtung ließ die Nacht beinahe zum Tag werden und die Häuser waren zum Teil modernisiert worden. Den Gemeindediener mit der Glocke gab es nicht mehr. Nun bediente man sich einer modernen Lautsprecheranlage.

## Bekanntschaft mit meinem zukünftigen Mann

Ich wohnte nun in der schönen Stadt Weimar, im Zentrum der Stadt, in einem kleinen Zimmer zur Untermiete. An einem schönen warmen Spätnachmittag im Juni 1960 spazierte ich nach Arbeitsschluss mit meiner Freundin über den Theaterplatz, am Denkmal von Goethe und Schiller vorbei. Wir befanden uns beide auf dem Heimweg. Da sahen wir ganz in der Nähe des Platzes einen Ausländer stehen, dessen Blicke sich auf uns richteten. Er war ein gutaussehender, junger Mann, ein südländischer Typ.

Als wir näher kamen, sprach er uns an, wir unterhielten uns ein wenig und er lud uns beide zu einem Kaffee ein. Wir waren ganz überrascht und bedankten uns für diese Einladung. Gemeinsam gingen wir noch ein Stück des Weges, dann verabredeten wir uns etwas später in einer Milchbar.

Meine Freundin erschien nicht zu diesem Treffen, da sie bemerkt hatte, dass er sich mehr für mich interessierte. An diesem Abend lernte ich einen Mann aus Bagdad, der Stadt der Märchen aus Tausendundeiner Nacht, kennen. Er nannte sich Kadhim und erzählte mir von seiner Heimat, dem Irak, und von seinem derzeitigen Sprachstudium am Herder-Institut in Leipzig. Mit seiner Seminargruppe war er zu einer zweitägigen Exkursion nach Weimar gekommen, um die Sehenswürdigkeiten der Stadt kennen zu lernen und das Konzentrationslager in Buchenwald zu besuchen.

Wir unterhielten uns an diesem Abend über die verschiedensten Themen und ich merkte, dass er in seinem Denken sehr demokratisch und aufgeschlossen war. Ich bedauerte sehr, dass er am nächsten Tag wieder nach Leipzig zurückfahren musste, denn er war mir sehr sympathisch und ich hätte ihn gern näher kennen gelernt.

Schon nach wenigen Tagen erhielt ich seinen ersten Brief – mit einem Heiratsantrag. Ich war über seine Absicht sehr überrascht und lächelte nur darüber. Ich nahm den Heiratsantrag nicht ernst, denn wir kannten uns ja kaum.

Doch an einem anderen Wochenende besuchte ich ihn in Leipzig und er kam noch einmal nach Weimar, bevor sein Sprachstudium in Leipzig endete. Wir verbrachten einige schöne Tage miteinander und lernten uns dadurch näher kennen. Bedauerlicherweise zog er anschließend nach Berlin, um dort an der Hochschule für Ökonomie zu studieren. Trotz der Entfernung zwischen Weimar und Berlin brach unser Kontakt nie ab. Wir setzten unsere gegenseitigen Besuche fort und bei unseren Treffen sprachen wir oft über seine Heimat. Kadhim erzählte mir nicht nur von der Schönheit seines Landes, sondern auch von Armut und Unterentwicklung. Obwohl wir uns noch nicht lange kannten, war mein Vertrauen zu ihm schnell sehr groß.

Eines Tages bat Kadhim mich, nach Berlin zu ziehen, damit wir uns öfters sehen und besser kennen lernen konnten. Ich war diesem Vorschlag gegenüber nicht abgeneigt, die Idee gefiel mir sogar sehr gut. Doch zunächst fuhren wir zu meinen Eltern nach Vogelsberg. Kadhim wollte sie unbedingt kennen lernen und sie freuten sich ebenso auf das Treffen. Es verlief sehr harmonisch und es gab beiderseits Sympathiebekundungen.

Dann stand dass Weihnachtsfest vor der Tür und wie jedes Jahr feierte ich es zu Hause bei meinen Eltern. In diesem Jahr brachte ich meinen Freund Kadhim mit, denn obwohl wir uns erst sechs Monate kannten, hatten wir die Absicht, uns am Heiligen Abend zu verloben. Meine Eltern hatten ihr Einverständnis dazu gegeben, obwohl es ihnen schwer gefallen war, denn sie wussten, dass wir später die DDR verlassen und in seine Heimat übersiedeln würden. Gemeinsam feierten wir unsere Verlobung mit einer Flasche Sekt.

In Weimar war ich als Lehrausbilderin im Handel tätig gewesen. Als ich Anfang des Jahres 1961 nach Berlin zog, bewarb ich mich für die gleiche Tätigkeit und hatte im Bezirk Prenzlauer Berg Erfolg. Hier bekamen wir auch unsere erste gemeinsame Wohnung. Wir stellten damals noch keine großen Ansprüche und waren mit der uns angebotenen Altbauwohnung, die im vierten Stock lag, kein Bad besaß und eine Ofenheizung hatte, zufrieden.

Nachdem endlich alle Urkunden vorlagen, die bei einer Heirat mit einem ausländischen Bürger erforderlich waren, meldeten wir uns im Standesamt in Berlin-Mitte für die Trauung an. Wir wollten sehr schnell heiraten und so bot man uns im Standesamt den nächsten freien Termin an – es war Freitag, der 13. Juli. Mir war dieser Tag zwar als Unglückstag bekannt, ich maß dem Aberglauben jedoch keine Bedeutung bei, und so gaben wir uns an diesem Tag das Ja-Wort.

Kurz nach der Trauung traten wir unsere Hochzeitsreise an. Wir fuhren mit dem Zug in die Goldene Stadt Prag, wo wir unseren Honeymoon verlebten. Ein Freund meines Mannes hatte uns in Prag seine Wohnung angeboten, da er selbst auf eine mehrwöchige Reise gegangen war. Dass wir diese nutzen konnten, kam uns sehr gelegen, denn wir hatten beide wenig Geld zur Verfügung.

In Prag heirateten wir ein zweites Mal, nun in der irakischen Botschaft nach arabischer Tradition. Hier wurde die Ehe nochmals besiegelt und ein offizieller Ehevertrag abgeschlossen, wie es in den arabischen Ländern üblich ist. In diesem Vertrag wurde symbolisch festgelegt, dass mein Ehemann mir bei einer Scheidung die Summe von 1000 irakischen Dinar, was 1961 etwa 10 000 DM entsprach, auszahlen müsste. Dieser Vertrag wurde anschließend vom Botschafter und zwei Zeugen besiegelt. Einer der Zeugen war der Kulturattaché des Irak, Aziz Ali, ein Freund meines Mannes, der uns danach zu einem Essen im Hause seiner Familie einlud. Mit Freude nahmen wir die Einladung an. Seine Frau hatte für das leibliche Wohl gesorgt und er verschönte uns den Abend durch Gesang und Spiel auf seiner Laute.

Während der vier Wochen, die wir uns in der Tschechoslowakei aufhielten, besuchten wir außer den Sehenswürdigkeiten von Prag auch die Kurstädte Karlsbad und Marianské. Es war eine wunderschöne Zeit, die wir dort verbrachten.

Wir waren nun glücklich verheiratet und mein Mann führte mich in seinen Freundeskreis ein. Es waren irakische Studentinnen und Studenten, die wie er an der Hochschule für Ökonomie studierten. Ich hatte ein gutes Verhältnis zu ihnen und fand sie alle sehr nett. Es interessierte mich sehr, ihre Kultur kennen zu lernen, und so nahm ich an ihren kulturellen Veranstaltungen wie beispielsweise dem jährlich zum Frühlingsanfang gefeierten kurdischen Neujahrsfest „Newruz“, aber auch an anderen Feierlichkeiten teil.

Langsam begann ich mich auf meine etwas andere Zukunft vorzubereiten. Wir planten anfangs, nach Kadhims Studienabschluss in seine Heimat überzusiedeln. Deshalb lernte ich neben meiner beruflichen Tätigkeit an der Volkshochschule intensiv die englische Sprache. Außerdem versuchte mein Mann mir mit Hilfe einer arabischen Fibel das Lesen und Schreiben der arabischen Sprache beizubringen.

Vor meiner Bekanntschaft mit Kadhim hatte ich absolut keinen Bezug zur arabischen Sprache. So war es für mich neu, dass die arabische Schrift von rechts nach links verläuft und man demzufolge ein arabisches Buch – aus unserer Sicht – von hinten nach vorn liest. Schon nach kurzer Zeit konnte ich kleine Sätze lesen, worauf ich sehr stolz war.

Nachdem wir nun schon ein Jahr in unserer Wohnung am Prenzlauer Berg lebten, versuchten wir eine komfortablere Wohnung zu finden. Es wurde uns im selben Bezirk eine Wohnung mit Bad im Erdgeschoss angeboten, die wir dann auch bezogen. Auch beruflich veränderte ich mich bald. Ich begann in einem Außenhandelsunternehmen zu arbeiten, wo ich meine englischen Sprachkenntnisse gut einsetzen konnte.

Drei Jahre nach unserer Heirat, im Jahr 1964, beendete mein Mann sein Diplomstudium. Wir hatten zwar beide die Absicht nach seinem Studium nach dem Irak überzusiedeln, aber er nahm noch eine Aspirantur auf. Da ihm dazu die nötigen Materialien und Daten für seine Dissertationsarbeit in Berlin nicht vorlagen, beschloss er, nach Bagdad zu reisen – allein und illegal.

Denn zu jener Zeit waren im Irak die Nationalisten an der Macht und andere politische Gruppierungen wie Demokraten und Kommunisten wurden verfolgt. Es war damals gefährlich für ihn, in den Irak zu reisen, denn er war als Gegner der Baath-Partei bekannt. Kadhim wusste, dass sein Name auf der schwarzen Liste stand und ihm an der Grenze Verhaftung drohen könnte. Aber trotz der Gefahren wollte er die Reise antreten.

Wir verabschiedeten uns am Flughafen und ich kehrte schweren Herzens nach Hause zurück. Die Wohnung war leer ohne ihn und ich fühlte mich einsam. Zwar konnte ich mich durch meine Arbeit von den trüben Gedanken ablenken, aber mit den Kolleginnen über meine Ängste zu reden, war nicht möglich. Erst als ich Kadhims ersten Brief in den Händen hielt, in dem er mir liebe Grüße aus der Heimat sandte, konnte ich mich wieder etwas ruhiger schlafen.

Ich nutzte die Abende und begann mich an der Volkshochschule weiterzubilden. Dort schrieb ich für einen Lehrgang zur Vorbereitung eines Fachschulstudiums ein, der sich über einen längeren Zeitraum hinzog.

Mit Kadhim stand ich nun in ständigem Briefwechsel und wir tauschten unsere Gedanken aus. In einem seiner Briefe schlug er mir vor, meinen nächsten Urlaub im Irak zu verbringen. Das war für mich ein Lichtblick, doch bis zu diesem Treffen standen mir noch viele einsame und sorgenvolle Monate bevor.

Ich begann rechtzeitig einen Antrag für eine Besuchsreise nach dem Irak zu stellen, der dann auch genehmigt wurde. Mein Mann hatte vorgeschlagen, im September einzureisen, da in diesem Monat die Temperaturen langsam sinken und die Tage angenehmer werden. Zusätzlich zu meinem Jahresurlaub nahm ich noch einige Wochen unbezahlten Urlaub, sodass ich eine längere Zeit bei meinem Mann im Irak verbringen konnte.

# Erster Besuch im Irak

So kam es, dass ich im Spätsommer 1965 meine erste Reise in dieses mir noch unbekannte Land, den Irak, antrat. Ich erinnere mich noch, dass ich für die Ausreise nur zwanzig Mark der DDR in zwanzig DM eintauschen durfte. Als Privatreisende wurde mir nur erlaubt, das offiziell eingetauschte Geld mit mir zu führen, denn war es damals DDR-Bürgern generell nicht gestattet, Devisen zu besitzen.

Ich hatte mit der Interflug-Gesellschaft einen Flug von Berlin über Kairo nach Bagdad gebucht und von Kairo sollte es am selben Tag nach Bagdad weitergehen. Es war mein erster Flug, und ich war ein wenig aufgeregt. Erst als ich im Flugzeug saß und die Stewardess zum Anschnallen aufforderte, war ich mir sicher, dass ich auch tatsächlich fliegen würde.

Die Freude über das Wiedersehen mit meinem Mann überkam mich und ich konnte die Ankunft in Bagdad kaum noch erwarten. Während wir uns über den Wolken befanden, verlief der Flug ganz ruhig und meine Aufregung legte sich. Nach einigen Flugstunden erreichten wir endlich Kairo. Hier erfuhren wir jedoch, dass es technische Probleme gab und der Flug nach Bagdad erst am darauf folgenden Tag erfolgen konnte. Ich war enttäuscht über die Verzögerung, die diese Nachricht bedeutete, aber es blieb uns nichts anderes übrig als zu warten.

Den Passagieren wurden Zimmer in einem Vier-Sterne-Hotel angeboten, das zum Glück von der Fluggesellschaft bezahlt wurde, denn mein Taschengeld hätte bei weitem nicht ausgereicht. Glücklicherweise gab es einen netten jungen Mann unter den Passagieren, der dienstlich unterwegs war und ebenfalls nach Bagdad fliegen wollte. Ich sprach ihn an und erklärte ihm mein finanzielles Problem. Er war sofort bereit, mir aus dieser Misere zu helfen. In unserem Gespräch erfuhr ich, dass er als Handelsvertreter eines Außenhandelsunternehmens unterwegs war. Natürlich versprach ich ihm, das Geld in Bagdad sofort in Dinar zurückzugeben.

Während unseres Aufenthalts in Kairo schloss ich mich ihm und einer kleineren Gruppe an und wir besichtigten gemeinsam die bekannten Sehenswürdigkeiten der Stadt und die Pyramiden in

Gizeh. Es war ein sehr heißer Tag, so wie man sich Ägypten zu dieser Jahreszeit vorstellt. Mit dem Taxi fuhren wir bis in die Nähe der Pyramiden, wo uns bereits Männer mit ihren geschmückten Pferden und Kamelen erwarteten. Sie stürzten sich regelrecht auf uns. Ich war ganz erstaunt, wie viele deutsche Worte diese Ägypter in ihrem Sprachschatz hatten.

Meine männlichen Begleiter wollten unbedingt auf den Pferden reiten, doch ich war von der Idee gar nicht begeistert. Ich konnte mich aber nicht ausschließen und so bestieg auch ich ein Pferd. Mein etwas enges, knielanges Kleid machte mir jedoch beim Aufsteigen Probleme. Doch als ich den Pferderücken erklommen hatte, reichte mir der Pferdebesitzer ein Tuch, damit ich meine Beine bedecken konnte. Er führte dann auch das Pferd für mich, sodass ich ganz beruhigt sein konnte. Erst nach dem Ritt fingen meine Bekannten an, den Preis mit den Pferdebesitzern auszuhandeln. Das nutzten die Ägypter aus und hauten uns ganz schön übers Ohr.
Anschließend besichtigten wir die Pyramiden, deren Bauweise mich sehr beeindruckte. Es war mir unvorstellbar, wie man mit den einfachen, damals zur Verfügung stehenden Hilfsmitteln die riesigen Steinblöcke in diese Höhen transportieren konnte. Bis zum heutigen Tage experimentieren die Architekten, um herauszufinden, wie man die Pyramiden einst erbaute.

Den Abend verbrachten wir im Stadtzentrum von Kairo. Hier erhielt ich meinen ersten Eindruck vom turbulenten Leben einer arabischen Großstadt. Schon der rege Autoverkehr mit seinem Hupkonzert war für mich als DDR-Bürgerin sehr ungewöhnlich. Die Geschäftsstraßen waren bis zum späten Abend mit Kauflustigen überfüllt. Aufgrund des warmen Klimas hielten sich die Familien mit ihren Kindern abends in den Parkanlagen und in der Nähe des Nilufers auf.

Am folgenden Tag ging es weiter und wir bestiegen die Maschine in Richtung Bagdad.

## Ankunft in Bagdad

Der Flug von Kairo nach Bagdad verlief problemlos. Endlich näherte ich mich nun meinem Ziel. Wegen des ersten Treffens mit Kadhims Familie war ich sehr aufgeregt. Wir waren inzwischen schon fünf Jahre miteinander verheiratet, doch ich hatte bedauerlicherweise noch keine Möglichkeit gehabt, seine Familie kennen zu lernen.

Mir schossen so viele Gedanken durch den Kopf, vielleicht würden sie mich nicht akzeptieren, denn für sie war ich eine Fremde aus einer anderen Kultur und Religion. Doch ich konnte diese Grübeleien nicht weiter fortsetzen, da wir aufgefordert wurden uns anzuschnallen. Wenige Minuten später landeten wir und ich befand mich im Flughafengebäude.

Die Passkontrolle verlief reibungslos. Nun stand ich in der Ankunftshalle und hoffte, Kadhims Bruder, den ich nur vom Foto her kannte, zu entdecken. Als ich dann ein Winken wahrnahm und meinen Namen „Traudel" hörte, erkannte ich ihn. Ich wusste, dass Kadhim mich wegen seines illegalen Aufenthaltes hier nicht empfangen konnte.

Sehr herzlich wurde ich von seinem Bruder und dessen Ehefrau begrüßt. Er sprach mich gleich in meiner Muttersprache an, da er in den fünfziger Jahren in München promoviert hatte. Mit seiner jungen Ehefrau unterhielt ich mich auf Englisch. Sie war modisch gekleidet und trug nicht die traditionelle Abaya.

Im Irak wird dieser Umhang aus schwarzer Seide oder Wolle, der den ganzen Körper der Frau vom Kopf bis zu den Füßen bedeckt, Abaya genannt.

Wir stiegen in einen Chevrolet ein und erreichten nach kurzer Zeit das Wohnhaus. Das Gartentor wurde von meinem Mann geöffnet, den ich nach zehnmonatiger Trennung zum ersten Mal wiedersah. Wir umarmten uns herzlich und küssten uns.

Einige Verwandte hatten schon im Wohnzimmer Platz genommen. Sie waren gekommen, um mich kennen zu lernen. Natürlich waren sie auf die deutsche Frau ein wenig neugierig.

Leider war Kadhims Mutter schon verstorben, aber sein Vater lebte noch. Am nächsten Tag kamen aus Kerbala, der Heiligen

Stadt, beide Schwestern meines Mannes mit ihren Kindern angereist. Sie und ihre Töchter waren mit der schwarzen Abaya bekleidet. Nachem wir uns miteinander bekannt gemacht hatten, überreichten die Schwestern mir nachträglich ein Hochzeitsgeschenk; es waren Schmuckstücke aus Gold. Ich bedankte mich vielmals und sagte auf Arabisch „Schukran" zu ihnen, worüber sie sich freuten.

Doch meine allgemeinen arabischen Kenntnisse waren noch so dürftig, dass ich mit den älteren Schwestern meines Mannes, die kein Englisch sprachen, keine Konversation führen konnte. Es war uns nur durch Mimik und Gestik möglich, unsere gegenseitige Sympathie zu bekunden. Sie waren alle sehr nett und herzlich zu mir und ich hatte den Eindruck, akzeptiert und in die Familie aufgenommen worden zu sein, obwohl ich einer anderen Religion, der christlichen, angehörte. In diesen Tagen musste mein Mann oft die Rolle des Übersetzers übernehmen. Er hatte dann viele Fragen zu beantworten. Der Besuch riss nicht ab und ich sehnte mich nach etwas Ruhe, denn an ihrer Unterhaltung konnte ich mich nicht beteiligen, da ich nichts verstand.

Kadhim und ich wohnten bei seinem Bruder, in der oberen Etage des Hauses hatten er und seine Frau uns ein Zimmer zur Verfügung gestellt. Auch jetzt im September war es dort noch recht heiß und der eingeschaltete Ventilator brachte nur die warme Luft in Bewegung.

Das Haus, in dem die Familie seines Bruders mit ihren beiden kleineren Kindern lebte, war gemietet. Es war eines der typisch arabischen, hellen Backsteinhäuser, umgeben von einem kleinen Garten. Die Zimmer hatten vergitterte Fenster, so wie es überall üblich war.

Ab und zu sah ich einen rosafarbenen Gecko, der sich an der Decke des Badezimmers oder der Toilette bewegte. Das Tier wirkte so nackt und flößte mir anfangs Angst ein. Später gewöhnte ich mich an ihn, denn er war harmlos und wartete nur auf Mücken und Fliegen, von denen er sich ernährte. Vorwiegend findet man in den älteren arabischen Häusern eine französische Toilette vor, so wie auch in diesem Haus. Ich fand sie sehr unbequem, denn das Becken war zu ebener Erde eingearbeitet und man musste sich darüber hocken. Daneben stand die typische Kanne mit Wasser gefüllt, womit sich der Benutzer anschließend reinigte. Die Familie wohnte nur vorübergehend in diesem Haus, denn ihr eigenes befand sich gerade im Bau.

Mit den beiden Kindern, der Junge war etwa fünf und das Mädchen vier Jahre alt, konnte ich mich schwer anfreunden, denn ich konnte mich nicht in ihrer Sprache mit ihnen unterhalten. Nur durch Zeichen war es uns möglich, uns miteinander zu verständigen. Der Junge meinte dann eines Tages, dass ich ein wenig verrückt sei, weil ich ja nicht sprechen könne. Das schmerzte mich natürlich sehr und stärkte meinen Willen, so schnell wie möglich die arabische Sprache zu erlernen.

In den nächsten Tagen hatte ich ein volles Programm, denn die Verwandten wollten mir ihre Stadt zeigen. Ich war auch sehr interessiert, Bagdad, die Stadt der Märchen, kennen zu lernen. Mein Mann erzählte mir interessante Überlieferungen von Bagdad, nach denen der Kalif Abu Jafar Al-Mansur, der Gründer der Stadt, den Standort der neuen Hauptstadt nach gewissen Kriterien ausgewählt habe.

Al-Mansur habe die Bedingung gestellt, dass die künftige Stadt in der Mitte des Landes liegen, von fruchtbarem Land umgeben sein und ein gutes Klima besitzen solle. So habe man in der Mitte des Landes eine Stelle ausgewählt, an der sich die beiden Flüsse Euphrat und Tigris am nächsten kamen, denn hier war die Fruchtbarkeit des Bodens gegeben. Dann habe man begonnen, um eine kreisförmige Fläche, die einen Durchmesser von drei Kilometern hatte, einen Graben zu ziehen, Baumwollsamen in diesen hineingeschüttet und ihn in der Nacht angezündet, damit der Kalif die geografische Lage der neuen Stadt aus der Ferne begutachten konnte. Des Weiteren habe er die Temperatur in diesem Gebiet prüfen lassen, indem an vier verschiedenen Stellen über Nacht frisches Fleisch aufgehängt wurde und dieses am nächsten Morgen auf seine Frische hin untersucht worden sei. Mit den Ergebnissen zufrieden, habe Al-Mansur beschlossen, die kommende neue Hauptstadt am Ufer des Tigris zu errichten, wo sich damals schon ein kleines Dorf befand. Im Jahr 762 n.Chr. wurde so die Hauptstadt, sie wurde Medinet Es Salaam, Stadt des Friedens, genannt, gegründet.

Die Stadt war damals von einem tiefen Graben und einer hohen Mauer umgeben. Nur die vier Stadttore ermöglichten den Zugang zur Stadt. In der Stadtmitte befanden sich der Kalifenpalast und die Freitagsmoschee. Später wurde die Hauptstadt in Bagdad umbenannt.

Bagdad entwickelte sich zu einer großen Stadt, jedoch fielen im Jahre 1258 n.Chr. die Mongolen ein und zerstörten sie vollständig. Sie ermordeten die Einwohner, brannten die Häuser nieder und vernichteten die vielen Bücher der Bibliotheken. Man erzählte, dass sich das Wasser des Tigris einmal vom vielen Blut der Ermordeten rot und dann von der Tinte und der Asche der verbrannten Bücher schwarz gefärbt habe.

Inzwischen breitete sich die Stadt Bagdad über ein Gebiet von mehr als 850 Quadratkilometern aus. Bis zum Jahre 1979 verbanden sechs Brücken die beiden Stadtteile Al-Kerch und Resafe. Die Einwohnerzahl Bagdads stieg in diesem Zeitraum auf rund drei Millionen Menschen an. Heutzutage leben sogar fünf Millionen Menschen in dieser Stadt.

Mit dem Neffen meines Mannes erkundete ich zunächst die nähere Umgebung unseres Wohnviertels. Es war sehr heiß und ich suchte den Schatten der Eukalyptusbäume. Vieles war neu für mich. Beispielsweise der Baustil der flachen Häuser, die höchstens einstöckig gebaut und von einer Mauer umgeben waren. Sie sollte den Einblick in den Garten und somit in das Privatleben der Bewohner verhindern. Die Fensterrahmen waren hier gewöhnlich aus Eisen gefertigt, an denen die traditionellen, verzierten Gitter aus Schmiedeeisen angebracht waren. Durch ihre vielfältigen Musterungen verzierten sie die Fenster und dienten zugleich dem Schutz vor Einbrüchen. Fast alle Wohnhäuser in diesem Viertel hatten einen Garten mit einer größeren Rasenfläche, die von Blumen, blühenden Sträuchern, Dattelpalmen und Zitrusbäumen umgeben war. Ich sah wunderschöne Häuser, die in meine Vorstellung von „Tausendundeiner Nacht“ passten, aber ich sah auch ein brach liegendes Grundstück in dieser Straße, auf dem eine kleine Lehmhütte stand, die mich aus meinen Träumen in die Realität zurückholte. Hier hatte sich eine Bauernfamilie mit einigen Schafen niedergelassen. Obwohl in diesem Wohnviertel der Mittelstand wohnte, sah ich auch in anderen Straßen ab und zu Zelte aus Ziegenhaar, unter denen verarmte Bauernfamilien lebten. Von den Nachbarn wurden sie geduldet, insbesondere die Reicheren unter ihnen zahlten den Verarmten einige Dinar oder brachten ihnen hin und wieder eine warme Mahlzeit, damit sie ihr Haus vor Dieben bewachten.

Hier lagen Reichtum und Armut dicht beieinander. Ich kannte die Armut nicht und war sehr entsetzt darüber, wie Menschen unter so primitiven Bedingungen leben mussten, während das Land doch so reich war.

Der Grund für die Ansiedelung vieler Bauernfamilien am Rande der Städte war, wie ich erfuhr, ihre Armut. Sie kamen aus dem Mittel- und Südirak und hofften, in der Stadt eine Arbeit zu finden. Obwohl im Jahr 1959 die Enteignung der Großgrundbesitzer und die Verteilung ihrer Ländereien an die landarmen Bauern beschlossen worden war, hatte man die Bodenreform nur teilweise durchgeführt.

In diesem Wohnviertel waren die Haupt- und Nebenstraßen von Dattelpalmen und hohen Eukalyptusbäumen gesäumt. Überall fand man kleinere Geschäfte mit einem breiten Angebot, eine Art Tante Emma-Läden, in denen die Anwohner das Nötigste kaufen konnten. Manch ein Hausbesitzer richtete sogar in seiner Garage einen Laden ein, in dem er Waren des täglichen Bedarfs anbot.

Oft sah ich morgens Männer im Pyjama oder in einem langen Hemd, „Dischdasche“ genannt, zum Bäcker gehen, um frisches Fladen- und Weißbrot zum Frühstück zu holen. Den Männern hier war es überhaupt nicht peinlich, für sie sind der Schlafanzug oder die Dischdasche gleichzeitig eine Art Hausbekleidung. In den Büros jedoch waren die Männer auch bei größter Hitze korrekt gekleidet, mit dunklem Anzug und weißem Hemd, anzutreffen. Der überwiegende Teil der Frauen trug die Abaya über ihrer modischen Kleidung.

Wir erwarteten Kadhims Vater, meinen Schwiegervater, aus Kerbala zu Besuch. Er war schon über achtzig Jahre alt, deshalb holte man ihn mit dem Auto ab. Ich war schon sehr gespannt auf ihn und darauf, wie er auf die Heirat seines jüngsten Sohnes mit einer Ausländerin reagieren würde.

Während er im Lehnstuhl saß und sich von der Fahrt ein wenig erholte, wurde ich gebeten, mich ihm gegenüber zu setzen. Er wirkte klein und schwach, sein Backenbart war weiß und auf dem

Kopf trug er einen roten Fes, das ist eine Filzkappe, die mit einem hellen Band versehen war. Seine dunklen Augen blickten mich prüfend an, während er mit Kadhim sprach. Plötzlich lachten alle erfreut auf.

Ich konnte nicht verstehen, was er gesagt hatte, aber Kadhim erzählte mir später, sein Vater habe ihn gebeten, ihm auch so eine Frau mitzubringen. Damit war unsere Heirat durch seinen Vater abgesegnet.

Ich war nun ständig in Begleitung eines Neffen meines Mannes unterwegs, da Kadhim mich aus Sicherheitsgründen nicht selbst begleiten konnte. Eine unserer Fahrten führte uns mit dem Bus in das Stadtzentrum. An der Bushaltestelle und auf der Straße bemerkte ich schon, dass die Leute mich wegen meiner hellen Hautfarbe und des blonden Haars beobachteten. Hin und wieder fanden sich an der Bushaltestelle Bettler ein, die um Almosen baten. Wir wechselten noch einmal das Verkehrsmittel und stiegen in ein Sammeltaxi, das uns zum Bab Al-Scherqi, dem Tor des Ostens, brachte. An diesem Platz befand sich das große Freiheitsdenkmal, das der bekannte Bildhauer und Maler Jawad Selim geschaffen hatte. Er hatte hier den Kampf des Volkes gegen den englischen Kolonialismus und gegen die feudale Herrschaft plastisch dargestellt. Leider verstarb er kurz nach Beendigung seines großen Werkes.

Ganz in der Nähe war ein weiteres modernes Denkmal zu sehen, das dem „Unbekannten Soldaten" gewidmet war. Anschließend fuhren wir zum Nationalmuseum. Hier bekam ich durch die vielen Ausstellungsstücke, es waren Kunstschätze aus dem Zweistromland, einen Eindruck von der alten Kultur in Mesopotamien. Besonders gefielen mir die Schmuckstücke, die so schön gearbeitet waren, dass sie meiner Meinung nach auch in der heutigen Zeit durchaus noch getragen werden könnten. Die Funde zeugten von einer hohen Kultur, die in ihrer Entwicklung anderen Kulturen, so auch der europäischen, weit voraus war.

Wir setzten unsere Erkundungen der Stadt fort und fuhren mit einem roten Doppelstockbus bis zur Rashidstraße. Diese Straße wurde nach dem Kalifen Harun Al-Rashid benannt. Von hier aus schlenderten wir diese alte und zugleich wichtigste Geschäftsstraße Bagdads entlang. Ihre Häuser mit den schmiedeeisernen Balkonen waren alt und nur zweistöckig gebaut. Darunter befanden sich

Arkaden, die uns bei der sengenden Sonne angenehmen Schatten spendeten. Viele Menschen waren unterwegs, die hier ihre Einkäufe tätigten. Die Frauen trugen vorwiegend ihre Abaya. Es fiel mir besonders bei älteren Ehepaaren auf, dass die Ehefrau nicht neben ihrem Ehemann, sondern einige Schritte hinter ihm herlief.

Während wir die Straße entlanggingen, konnte ich die Auslagen der vielen aneinander gereihten Geschäfte betrachten. Zwischen Stoffläden, Teppich- oder Uhrengeschäften sah ich offene Kaffeehäuser, in denen die Männer bei Tee oder Kaffee mit untergeschlagenen Beinen in Ruhe ihre Wasserpfeife rauchten und nebenbei Domino oder Backgammon spielten. Das Kaffeehaus ist ein beliebter Treffpunkt für Männer. Viele trugen hier ihre traditionelle Bekleidung, die aus einem langen, hellen Hemd und einer turbanähnlichen Kopfbedeckung besteht, oder auch in Hose und Jackett, wie eben in Europa, an. Viele Kaffeehausbesucher waren arbeitslos und vertrieben sich hier ihre Langeweile. Wer nicht spielte, trank Tee und beschäftigte sich mit seiner Gebetskette, deren Perlen er immer wieder durch die Finger gleiten ließ.

Fast jeder Iraker ist im Besitz einer solchen Kette. Ursprünglich bestanden die Perlen aus Lehm und die Kette wurde nur zum Beten benutzt. Heutzutage wird sie in den verschiedensten Materialien, wie Plastik, Bernstein oder Halbedelsteinen, zum Kauf angeboten. Bei wertvollen Materialien sind gewöhnlich die einzelnen Perlen noch in Gold oder Silber eingefasst.

Man unterscheidet dabei die kleine Kette mit dreiunddreißig Perlen, die eher zum Zeitvertreib dient, und die große Kette mit einhundertundeiner Perle, die der Religiöse zum Beten benutzt. Die Kette mit einhundertundeiner Perle ist in drei Teile mit jeweils dreiunddreißig Perlen unterteilt. Im ersten Teil der Kette beginnt der Gläubige Perle für Perle mit dem Daumen nachzuschieben, wobei er bei jeder Perle zunächst dreiunddreißig Mal „Gott ist der Größte" aufsagt bzw. wiederholt. Danach folgt der mittlere Teil der Perlen mit dem Glaubensbekenntnis „Ich bezeuge, dass es keinen Gott außer Allah gibt" und zum Schluss „Ich bezeuge, dass Mohammad der Prophet Allahs ist". Die römisch-katholische Kirche verwendet ebenfalls eine Gebetskette, sie ist bei uns als „Rosenkranz" bekannt.

Obwohl es sehr heiß war, setzten wir unseren Stadtbummel unter den Arkaden dieser engen, verkehrsreichen Straße fort, in der ein pulsierendes Leben zu beobachten war. Neben den vielen Fußgängern belebten Personenwagen, Doppelstockbusse und auch Esel vor vollbeladenen Karren die Straße. Die Autofahrer versuchten, dem zähfließenden Verkehr zu entkommen, indem sie wild hupend rechts und links überholten.

Zur Erfrischung kaufte mir mein Begleiter ein Eis. Es schmeckte vorzüglich, aber wohin mit der Verpackung? Als wohlerzogener Mensch hielt ich das Papier die ganze Zeit in der Hand und wartete darauf, in dieser Hauptstraße einen Abfallbehälter zu finden, aber vergebens. Mein Begleiter verblüffte mich mit seiner schnellen Lösung des Problems, indem er mir das Papier aus der Hand nahm und an den Straßenrand warf.

Während wir die Rashidstraße mit ihren Arkaden entlangliefen, bot sich uns jetzt ein neuer Anblick, denn wir standen nun vor modernen Prachtbauten aus Marmor und Glas, in denen sich Banken und Büros niedergelassen hatten. Im Hintergrund ragten eine Kuppel und das Minarett einer alten Moschee hervor. Sie war mit türkisfarbenen, glasierten Kacheln bedeckt, auf denen wunderschöne Ornamente, miteinander verbundene Linien und Kreise, Blüten und Ranken sowie Schriftbänder in Kalligraphie zu sehen waren.

Wir verließen nun die Rashidstraße und bogen in eine Seitenstraße ein, die uns zum Basar, auf Arabisch „Souk", führte. Der Basar ist das Zentrum der Altstadt. Mit seinen engen, überdachten Gässchen gleicht er einem Labyrinth, in dem Händler und Handwerker ihre Waren anbieten.

Die einzelnen Geschäfte im Basar sind sehr klein und grenzen dicht aneinander. Von morgens bis abends sind sie geöffnet. In einem der schmalen Gänge findet man jeweils ein bestimmtes Warensortiment vor. So gibt es im Basar spezielle Abteilungen für Stoffe, für Lederwaren, Wäsche, Schmuck, Haushaltsartikel, Kupferwaren, Lebensmittel und für Gewürze.

Ich besuchte mit meinem Begleiter zunächst den Kupfermarkt. Schon von weitem hörte man die Hammerschläge der Kupferschmiede. Obwohl es hier sehr geräuschvoll zuging, war es für mich sehr interessant, den Schmieden bei ihrer Arbeit zuzusehen.

Ich sah, wie sie das Kupferblech geschickt mit dem Hammer bearbeiteten und daraus Teller, Vasen oder Kaffeekannen formten, die sie anschließend mit wunderschönen Mustern verzierten. Ganz in der Nähe war der Basar der Goldschmiedemeister, der mich sehr interessierte. Als ich die vollen Schaufenster mit Ringen, Armreifen, Armbändern und Ketten aus Gold sah, war ich über die Menge, die hier angeboten wurde, sehr überrascht. Beim Anblick des glitzernden Edelmetalls und der farbigen Edelsteine fühlte ich mich in eines der Märchen aus Tausendundeiner Nacht versetzt.

Mein Begleiter führte mich anschließend zu dem gegenüberliegenden Gewürz- und Lebensmittelmarkt, wo es recht volkstümlich zuging. Vor dem Basar hatten sich Frauen auf dem Bürgersteig niedergelassen, wo sie Obst oder Süßigkeiten verkauften.

Am Eingang des Basars duftete es intensiv nach den verschiedensten Gewürzen, die gemahlen in großen Behältern angeboten wurden. Es war ein Spiel der Farben, die von roten, gelben bis hin zu braunen Tönen übergingen. Außerdem wurden hier in großen Säcken getrocknete Muskatnüsse, Zimtstangen, Peperoni, kleine Limetten und vieles mehr angeboten.

Der Basar faszinierte mich, das ständige Kommen und Gehen, die vielen Frauen und Männer, die hier anzutreffen waren. Doch in den schmalen Gängen herrschte oft ein Gedränge, das ich als nicht sehr angenehm empfand. Darüber hinaus liefen zwischen den Besuchern des Basars schwer beladene Träger einher, die für wenig

Geld Teppiche, Kisten oder andere Gegenstände transportierten. Auch Esel waren hier voll bepackt anzutreffen. Bei diesem Anblick fühlte ich mich in das Mittelalter zurückversetzt.

Oft sah ich im Basar, wie die Käufer und Verkäufer heftig um den Preis der Ware feilschten. Das gehört im Orient zum Geschäft. Sobald es zwischen Händler und Käufer zu einer Einigung gekommen war, bot dieser seinem Kunden einen Sitzplatz vor dem kleinen Lädchen an und servierte ihm Tee oder Kaffee. Diese nette Geste bestätigte meinen Eindruck von den Händlern im Irak, die im Allgemeinen sehr freundlich und nicht aufdringlich waren.

Natürlich gab es in der Stadt auch moderne Kaufhäuser mit festen Preisen und bestimmten Öffnungszeiten, in denen modern gekleidete junge Frauen und Männer arbeiteten.

Müde und erschöpft kehrten wir in der noch sommerlichen Hitze nach Hause zurück. Erst nachdem ich geduscht hatte, fühlte ich mich wieder wohl. Den Abend verbrachten wir dann im Kreise der Familie bei angenehmen Temperaturen im Garten.

Sobald die Sonne unterging, wurden die Gartenstühle aufgeklappt und auf die Rasenfläche gestellt. Die Hollywoodschaukel, die ihren festen Platz im Garten hatte, wurde stets zuerst besetzt. Für die kleineren Kinder lag eine Steppdecke auf dem Rasen, auf der sie herumtollen und spielten konnten. Nach einer kleinen Siesta fand sich die Familie langsam zum Teetrinken im Garten ein. Der Tee war zubereitet, musste aber noch einige Minuten auf dem Wasserdampf ziehen. Danach wurde er in kleinen Gläschen, Stekan genannt, serviert. Gewöhnlich aß man eine Art Zwieback mit Sesam bestreut dazu. Natürlich wollte man im Garten auf das allabendliche Fernsehprogramm nicht verzichten und so wurde der Fernsehapparat auf die Terrasse gestellt. Erst ab sechs Uhr abends begann das Fernsehen sein Programm auszustrahlen, das mit einer Sure aus dem Koran eröffnet wurde.

Während der heißen Jahreszeit hielten sich die Familien stets im Garten auf und auch das Abendessen wurde hier zu später Stunde eingenommen. Man unterhielt sich und verfolgte nebenbei das Fernsehprogramm, während die kleineren Kinder schon auf ihrer Decke eingeschlafen waren. Zum Abschluss des Programms erschien um Mitternacht noch einmal der Mullah auf dem Bildschirm. Die schlafenden Kinder wurden dann in ihre Betten getragen und die Erwachsenen begaben sich auch zur Nachtruhe.

Die Familie meines Mannes gehörte der Mittelschicht an. Die Kinder seiner Schwestern beherrschten alle die englische Sprache und hatten ein Studium abgeschlossen. Ich hatte also mit den Jüngeren keine Sprachprobleme.

In den Grundschulen wird generell ab der fünften Klasse die englische Sprache gelehrt. Englisch war und ist noch heute die Geschäftssprache, da der Irak von 1917 bis 1921 eine Kolonie Englands war.

Im Jahre 1921 bestieg König Faisal I. den Thron in Bagdad, jedoch behielten sich die Engländer das Mandat über den Irak vor, bis 1932 der Irak seine Unabhängigkeit erklärte und dem Völkerbund beitrat. Noch kurz vor der irakischen Unabhängigkeitserklärung jedoch schlossen die Engländer im Jahre 1930 ein Abkommen über die Errichtung von Militärbasen im Mittel- und Südirak ab und sicherten sich durch diesen Vertrag das Recht, weiterhin im Irak zu verbleiben.

Erst mit dem Sturz König Faisals II. im Jahr 1958 mussten die Engländer das Land endgültig verlassen und am 14. Juli 1958 rief General Abdul Karim Kassem die Republik aus. Kassem führte unter anderem die erwähnte Landreform durch, er ließ Häuser für die vielen Armen im Revolutionsviertel in Bagdad errichten und verabschiedete ein neues Familiengesetz, welches unter anderem besagte, dass der Mann nur eine Frau heiraten dürfe.

Die lang ersehnte Demokratie blieb jedoch aus und Kassem wurde im Jahre 1963 durch einen blutigen Putsch der Baath-Partei und der Nationalisten gestürzt. Danach übernahmen die Nationalisten unter der Führung von Abdel Salam Aref die Macht. Er kam im Jahr 1966 bei einem Flugzeugabsturz ums Leben und sein Bruder Abdel Rahman Aref übernahm die Macht.

Während meines Aufenthalts im Hause meiner Schwägerin fiel mir auf, dass sie und auch die Nichten besondere Fähigkeiten beim Schneidern besaßen. Eine Singer-Nähmaschine war in jedem Haus zu finden und die Frauen und Mädchen pflegten die schönsten Kleider damit anzufertigen. Ihre Geschicklichkeit erweckte auch bei mir die Lust, das Nähen zu erlernen und zu Hause einen Nähkurs in der Volkshochschule zu besuchen, da ich keinerlei Kenntnisse auf diesem Gebiet besaß.

In den irakischen Geschäften wurde wenig konfektionierte Kleidung angeboten und so waren die Frauen gezwungen, modische Kleidungsstücke selbst anzufertigen oder sie bei einem teuren Schneider nähen zu lassen. Der Markt lockte mit seinem großen Angebot an qualitativ guten Stoffen, die aus dem Ausland importiert wurden. Auch die Modezeitschrift „Burda" nutzte mit Schnittbogen in arabischer Sprache diese Chance und zeigte ihren Leserinnen die neuesten Modetrends.

Jedoch gab es im Irak gewisse Einschränkungen, was die Mode betraf. Beispielsweise ließ die Regierung generell alle Modezeitschriften zensieren, indem sie Kleider mit Ausschnitt, Nacht- und Unterwäsche an bestimmten Stellen schwärzte. Um die Minimode, die seinerzeit in Europa aktuell war, im Irak zu stoppen, verbot die Regierung diesen Trend kurzerhand, weil sie zu viel Bein zeigte.

Eines schönen Abends lud mich die Familie zum Fischessen ein. Der Muezzin rief gerade die Gläubigen zum Gebet auf und meine Schwägerin folgte noch seinem Ruf, bevor wir mit dem Auto losfuhren. Nach kurzer Fahrt erreichten wir den Abu Nuas, die Straße entlang des Tigris. Das Flusswasser hatte eine gelbe Färbung, was auf die lehmhaltige Erde zurückzuführen war. In den Sommermonaten ist der Wasserstand des Tigris aufgrund der Trockenheit sehr niedrig. Erst im Frühjahr, sobald die Schneeschmelze und Regenfälle eintreten, steigt der Flusspegel wieder an.

Früher gab es öfters Überschwemmungen, der Tigris trat über die Ufer und überflutete die Stadt Bagdad. Im April 1831 jedoch war die Überschwemmung so gewaltig, dass in der Folge viele Menschen an einer Hungersnot und an der Cholera starben. Von den achtzigtausend Einwohnern Bagdads überlebten damals nur siebenundzwanzigtausend. Erst Mitte der fünfziger Jahre des zwanzigsten Jahrhunderts wurden einige Staudämme errichtet, die das Wasser des Tigris regulieren.

Die Straße am Tigris ist nach dem bekannten Dichter Abu Nuas benannt, der in der Zeit der Abbasiden lebte. Er beschrieb in seinen Gedichten seine Liebe zu schönen Frauen und zum Wein. Entlang der Straße befinden sich viele Nachtbars, die vorwiegend von Männern besucht werden. Obwohl das Trinken von Alkohol für Moslems verboten ist, halten sich nur Strenggläubige daran.

Die Dämmerung setzte ein und am ausgetrockneten Flussbett des Tigris leuchteten bunte Lämpchen auf. Hier, auf diesem neu gewonnenen Stück Land, hatten sich mehrere Casinobesitzer provisorisch eingerichtet. Hollywoodschaukeln, farbige Beleuchtung und Girlanden luden die Gäste zum Verweilen und zum Fischessen ein.

Wir spazierten noch ein wenig am Abu Nuas entlang und mir fiel auf, dass einige junge Männer Händchen haltend spazieren gingen. Zuerst dachte ich, dass sie eventuell schwul seien, aber mein Mann sagte mir, dass es hier ganz normal sei und damit nur eine gute Freundschaft ausgedrückt würde.

In einem der Familiencasinos nahmen wir Platz. Nebenan war, nur durch eine Schilfwand abgeschirmt, extra ein Casino für die Männer eingerichtet. Meine Familie bestellte einen großen gegrillten Flussfisch, den man hier „Masguf" nennt. Die besondere Zubereitung macht den Fisch zu einer Delikatesse. Ich beobachtete, dass sich der Gast einen von den lebenden Fischen, die in einer Badewanne schwammen, auswählte. Der Koch schnitt dann den Fisch auf, reinigte, würzte und legte ihn zwischen einzelne Holzstäbe, die sich um ein brennendes Reisigfeuer befanden. Durch die Hitze des Feuers garte der Fisch und der Rauch verlieh ihm einen besonderen Geschmack.

Auf einem großen Tablett wurde uns der gegrillte Fisch mit Salat und warmen Brotfladen serviert. Vorher hieß es aber noch „Hände waschen", denn es gab kein Besteck dazu. Wir aßen den Fisch mit viel Appetit und tranken anschließend, für die gute Verdauung, ein Gläschen schwarzen Tee. In diesen Gartenlokalen konnte man auch alkoholische Getränke wie Bier und Arrak trinken. Arrak ist ein Nationalgetränk des Irak, er wird aus Datteln gebrannt und ist im Geschmack mit dem griechischen Ouzo vergleichbar.

Es war an einem Nachmittag, wir hatten gerade einen kleinen Mokka getrunken, da stülpte meine Schwägerin meine Tasse um und begann, mir aus dem Kaffeesatz die Zukunft zu lesen. Wir glaubten nicht ernsthaft daran, es war mehr zum Spaß. Bei dieser Gelegenheit machte Kadhim mir den Vorschlag, für den nächsten Tag zum Kaffee eine Quarktorte zu backen, die mir zu Hause immer so gut gelungen war. Alle freuten sich nun auf den Kuchen, besonders sein Bruder. Die Zutaten waren fast alle vorhanden, es fehlte nur an Quark. Noch am selben Tag fuhr der Bruder meines Mannes mit mir zu einem offenen Markt, wo die Händler Käse und Joghurt anboten. Den gewünschten Quark, den ich benötigte, gab es aber nicht. Es wurde nur Joghurt in großen Bottichen angeboten, der – wir durften sogar mit dem Finger probieren – sehr sauer war. Von Hygiene hielt man hier offenbar wenig.

Schließlich kauften wir mangels Quark bei einem Händler eine gewisse Menge Joghurt. Zu Hause ließ ich die Molke abtropfen, sodass ich Quark erhielt. Nun konnte ich den Kuchen vorbereiten. Doch wie viel Zucker ich auch zugab, es änderte sich nichts, die Quarkmasse blieb zu sauer. So blieb mir nichts anderes übrig, als den Kuchen damit zu backen. Ich war von dem Ergebnis sehr enttäuscht, aber der Kuchen wurde trotzdem aufgegessen.

Mein Aufenthalt war für höchstens drei Monate geplant und ging viel zu schnell dem Ende entgegen. Ich hatte aber noch den Wunsch, in Bagdad eine Moschee zu besuchen, und war auch bereit, dort die Abaya zu tragen. In Bagdad gab es viele Moscheen, eine der bekanntesten war die schiitische Kadhamia-Moschee, die ich gern besucht hätte. Sie war und ist noch heute ein Heiligtum der Schiiten und dient besonders für Pilger aus dem Iran als Wallfahrtsmoschee. Ihre zwei vergoldeten Kuppeln und vier Minarette deuten darauf hin, dass hier zwei Heilige begraben liegen. Mein Begleiter war jedoch etwas ängstlich und erklärte mir, dass es Nichtmoslems verboten sei, eine Moschee zu betreten. So konnte ich diese prachtvolle Moschee nur von außen bewundern. In der Nähe dieser heiligen Stätte trugen alle Frauen die Abaya und manche sogar einen schwarzen Gesichtsschleier, der „Pushiehe" genannt wird.

Im Irak bekennen sich über neunzig Prozent der Einwohner zum islamischen und über fünf Prozent zum christlichen Glauben. Außerdem leben im Irak religiöse Minderheiten wie beispielsweise im Norden die kurdischen Yeziden und im Süden die arabischen Mendaean. Hinzu kommen Einwohner mit jüdischem Glauben. Nach der Gründung des israelischen Staates wanderte ein Teil der Juden freiwillig aus, während der größte Teil dazu gezwungen wurde. Nur einige hundert Juden verblieben im Irak.

Der islamische Glaube besteht seit dem Jahr 621 n.Chr. Albert Hourani schrieb in seinem Buch „Die Geschichte der Arabischen Völker":

„Nach einer Version rief ein Engel, der in Gestalt eines Mannes am Horizont auftauchte, ihm zu, er sei zum Sendboten Gottes berufen.

Von da an verkündete Muhammad seinen Anhängern eine Reihe Botschaften, die ihm, wie er glaubte, von einem Engel Gottes offenbart worden waren."[1] Später wurden die Offenbarungen im Heiligen Buch, dem Koran, niedergeschrieben.

Nach dem Tod des Propheten Mohammad gab es unterschiedliche Ansichten über seinen Nachfolger. Der Streit um ihn war die

---

[1] A. Hourani: Die Geschichte der Arabischen Völker. Frankfurt am Main, 1992, S. 37.

politische Ursache, die zur Spaltung des islamischen Glaubens in die zwei Hauptrichtungen Sunniten und Schiiten führte, aus denen später verschiedene Strömungen hervorgingen.

Die Familie meines Mannes gehört der schiitischen Glaubensrichtung an, während die Frau seines Bruders Sunnitin ist.

Im Islam gibt es keine Glocken, sondern die Gläubigen werden fünfmal am Tag durch den Muezzin zum Gebet aufgerufen. Während früher der Muezzin mit bloßer Stimme von seinem hohen Minarett die Gläubigen erreichte, werden heutzutage Lautsprecheranlagen verwendet. Die Stimme des Muezzins ist dann auch bei großer Lärmbelastung bis in den letzten Winkel der Stadt zu hören.

Jeweils kurz vor Sonnenaufgang ertönte die Singstimme des Muezzins mit dem „Allah-o-Akbar" (Gott ist der Größte). Anfangs empfand ich es störend, in aller Frühe geweckt zu werden, aber mit der Zeit gewöhnte ich mich daran. Ein Ritual im Islam ist die Reinigung vor dem Gebet. Der Gläubige muss sich das Gesicht, die Hände und die Füße mit Wasser waschen. Sollte kein Wasser vorhanden sein, so schreibt es der Koran vor, ist Sand zur Reinigung zu benutzen.

Täglich beobachtete ich, wie meine Schwägerin sich nach dem Waschen für das Gebet vorbereitete. Sie benutzte ein großes weißes Tuch, mit dem sie ihren ganzen Körper umhüllte – nur das Gesicht war zu sehen. Auf einem kleinen Gebetsteppich, der in Richtung Mekka ausgebreitet war, verrichtete sie ihr Gebet. Zunächst betete sie stehend, dann beugte sie sich und zum Schluss kniete sie nieder und berührte zweimal mit ihrer Stirn den Boden.

Bei den schiitischen Gläubigen liegt auf dem Gebetsteppich noch ein geformter Stein, „Turbeh" genannt, den der Betende mit seiner Stirn berührt. Der Stein stammt aus der heiligen Erde der Stadt Kerbala und ist mit unterschiedlichen Mustern oder Schriftzügen geprägt.

Im Islam bezeichnet man die vorgeschriebenen Handlungen und Rituale als „die Säulen des Islams". Ich wusste, dass es fünf davon gibt, die jeder Gläubige einzuhalten hat. Es ist das Gebet, das in es einbezogene Glaubensbekenntnis „Es gibt keinen Gott außer Allah, und Mohammad ist der Prophet Gottes", die Gabe von Almosen, die Einhaltung der Fastenzeit im Monat Ramadan und die Pilgerreise nach Mekka.

Jeder Muslim versucht die Handlungen und Rituale im Islam einzuhalten, denn er glaubt an ein Leben nach dem Tode im Paradies. So heißt es auch in einer Sure des Korans, „dass gottesfürchtige und gehorsame Gläubige in das Paradies aufgenommen und Ungläubige zur Hölle verdammt werden“.

Nach all diesen vielen neuen Eindrücken genoss ich die warmen Sonnenstrahlen in den letzten Tagen meines Aufenthaltes, denn ein November in Berlin ist im Allgemeinen feucht und kalt.

Doch nun hieß es Abschied nehmen von der Familie und meinem Mann, der noch eine Zeitlang im Irak bleiben musste. Ich war sehr traurig und wäre gerne noch geblieben, aber das Visum lief langsam ab und meine Arbeitsstelle erwartete mich auch zurück. Ich umarmte noch einmal meinen Mann und hoffte, dass er bald nach Berlin zurückkehren würde.

Die Familie des Bruders begleitete mich zum Flugplatz und wir wünschten uns ein baldiges Wiedersehen im Irak.

## Rückflug nach Berlin

Pünktlich startete die Maschine in Richtung Kairo und von dort aus nach Berlin-Schönefeld.

Während des vierstündigen Fluges hatte ich Zeit, meine Eindrücke zu verarbeiten. Es war eine interessante Reise gewesen, bei der ich die Sitten und Gewohnheiten arabischer Familien mit islamischem Glauben kennen gelernt hatte. Mein erster Eindruck war, dass die Araber ein sehr gastfreundliches und großzügiges Volk sind. Ihre Gastfreundschaft habe ich so manches Mal mit der Gastfreundschaft der Deutschen verglichen. Beispielsweise war ich bei Einladungen über die Vielfalt und Reichhaltigkeit der Speisen sehr überrascht. Sobald unangemeldete Gäste kamen, wurden sie auch sehr herzlich empfangen und willkommen geheißen. Die große Gastfreundschaft zeigte sich auch bei der Unterbringung meines Mannes im Hause seines Bruders, die selbstverständlich war. Bei deutschen Familien wäre es nicht möglich gewesen, denn so weit geht die Gastfreundschaft hier nicht.

Meine Gedanken wanderten zu den Palästen der Reichen und zu den Hütten der Armen, die manchmal nebeneinander standen. Oft waren mir auf der Straße oder an Bushaltestellen ärmlich gekleidete Frauen mit ihren Kleinkindern begegnet, die um Almosen bettelten. Ich hatte auch bemerkt, dass kaum jemand ihnen Geld gab, sondern man sie meist mit einfühlsamen Worten abspeiste, wie „Allah wird dir helfen". Der Gedanke an diesen Anblick der Armut stimmte mich traurig. Obwohl dieses Land besonders reich an Erdölvorkommen war, erhielten die Armen keine finanzielle Unterstützung durch den Staat. Es sei die Aufgabe der Gläubigen, so heißt es im Koran, die Armen durch Almosen zu unterstützen. Deshalb verlangten die Moscheen, so hatte man mir erklärt, von ihren Gläubigen ein Fünftel ihres Einkommens den Armen zu spenden. Auch Eltern, die beispielsweise von ihren Kindern finanziell unterstützt wurden, waren vom Glauben her verpflichtet, etwas davon abzugeben.

Natürlich hatte ich auch den Schmutz in der Stadt bemerkt und mir das Armenviertel angesehen, in dem das einfache Volk lebte. Aber es gab auch schöne und saubere Wohngegenden in Bagdad, wo man sich wohlfühlen konnte. Natürlich beschäftigte ich mich auch mit dem Gedanken, ob ich in diesem schwach entwickelten Land, das auch eine andere Kultur besaß, leben könnte? Schon vorher hatte ich mich mit dem Gedanken befasst und war entschlossen, in Kadhims Heimat zu leben, denn ich fühlte, dass wir zusammengehörten. Jedoch würde ich mich den Sitten und Gebräuchen anpassen und die arabische Sprache erlernen müssen, damit ich mich verständigen konnte.

Bei meiner Landung in Schönefeld dachte ich mit Grauen an die Zollkontrolle, die alle Gepäckstücke sehr genau untersuchen würde. So war es dann auch. Sämtliche Geschenke, die ich erhalten hatte, mussten dem Zollbeamten vorgelegt werden. In meinem Koffer befanden sich unter anderem einige bunte Kleiderstoffe aus Baumwolle, die ich als Geschenke mitgebracht hatte; sie wurden natürlich verzollt. Es war sehr interessant, wie man die Berechnung der Zollgebühr vornahm. Ich erinnere mich noch, dass die Stoffe gewogen wurden und anhand ihres Gewichts die Gebühr errechnet wurde. Auch für mitgebrachte Devisen wurde eine Gebühr erhoben.

Nun war ich wieder zu Hause und musste meiner Arbeit im Außenhandel nachgehen. Nach einem so langen Urlaub fiel mir anfangs der achtstündige Aufenthalt im Büro sehr schwer, aber ich gewöhnte mich schnell wieder daran. Jeden Tag, wenn ich vom Büro nach Hause kam, öffnete ich zuerst den Briefkasten – vielleicht hatte ich Post von Kadhim erhalten. Ständig lebte ich in Angst, dass ihm wegen seines illegalen Aufenthaltes im Irak und der politischen Situation etwas passieren könnte. Ich hoffte inständig, dass die Zeit des Wartens bald ein Ende haben würde. Die leeren Abende versuchte ich auszufüllen, indem ich, wie ich es mir vorgenommen hatte, nach meiner Bürotätigkeit noch einen Nähkurs an der Volkshochschule besuchte.

Nach einigen Monaten kehrte mein Mann endlich nach Berlin zurück. Wir waren beide glücklich, wieder zusammen zu sein. Seine Dissertationsarbeit, die den Charakter der Nationalisierungsmaßnahmen in der Vereinigten Arabischen Republik (Ägypten), zum Thema hatte, war vorbereitet, er wollte aber vor seiner Verteidigung mit mir noch eine Studienreise nach Ägypten unternehmen. Natürlich war ich begeistert von dieser Idee und wir stellten sofort einen Antrag. Ich erhielt die Genehmigung zur Ausreise und so flogen wir beide im Frühjahr 1967 für einige Wochen nach Kairo. Es war mein zweiter Aufenthalt in dieser Stadt. Dieses Mal wohnten wir jedoch, da wir mit den Devisen sparsam umgehen mussten, in einem einfachen Hotel, das zentral, also an einer sehr verkehrsreichen Straße lag. Vom Fenster des Hotels aus konnte ich den regen Betrieb auf der Straße beobachten, der schon in den frühen Morgenstunden einsetzte. Die Busse waren dermaßen überfüllt, dass viele Menschen sogar auf dem Trittbrett standen und sich an der Eingangstür festklammerten.

Unseren Aufenthalt in Kairo organisierten wir so, dass wir die Arbeit, das Sammeln von Materialien, mit dem Kennen lernen der alt-ägyptischen Kultur verbanden. Der Besuch von Buchhandlungen, Bibliotheken und staatlichen Stellen stand natürlich im Vordergrund, aber wir hatten auch genügend Zeit, Kairo, mit seinen etwa sieben Millionen Einwohnern die größte Stadt Afrikas, kennen zu lernen. Wir besuchten das Ägyptische Museum, in dem ich zum ersten Mal Mumien sah, besichtigten die Pyramiden und kletterten in eine der Pyramiden durch einen engen Schacht, der uns zu einer Grabkammer führte. Interessant waren auch die Besuche der Mohammad-Ali-Moschee, des Basars von Kairo und des wunderschön angelegten Japanischen Gartens in der Stadt Halluan. Die letzten Tage vor unserer Rückkehr nach Berlin verbrachten wir in Alexandria am Mittelmeer.

Nachdem mein Mann seine Dissertationsarbeit in Berlin verteidigt hatte, wurde ihm der Doktortitel verliehen. Wir beschlossen dann Anfang 1968 nach dem Irak auszureisen und uns dort niederzulassen. Ich hatte das Ausreisevisum beantragt und es auch ohne Probleme erhalten. So ließen wir unsere persönlichen Sachen einpacken und in einem Container nach Irak transportieren.

# Ausreise nach dem Irak

Kadhims Bruder und seine Familie waren wieder so freundlich uns aufzunehmen, dieses Mal in ihrem neu gebauten Haus. Meine Schwägerin arbeitete als Lehrerin an einer Grundschule. Während sie ihrer Arbeit nachging, hütete ich das dritte Kind, das inzwischen geboren war. Mein Mann suchte noch nach einer angemessenen Tätigkeit und so waren wir gezwungen, doch länger als geplant im Hause seines Bruders zu wohnen. Dadurch bekam ich einen tieferen Einblick in das Leben einer arabischen Familie. Ich spürte, wie man sich innerhalb der ganzen Familie unterstützte und half. Sei es die Tante, der Onkel oder der Cousin, alle gehörten zum engen Kreis der Familie. Ihr stark ausgeprägter Zusammenhalt liegt unter anderem darin begründet, dass der Irak eine Agrargesellschaft ist und eine schwach entwickelte Industrie hat. Eine wesentliche Rolle spielen hierbei auch der Einfluss des islamischen Glaubens und die Stammeszugehörigkeit. Bisher war es Tradition gewesen, dass die gesamte, aus mehreren Generationen bestehende Familie in einem Haus lebte. Aber bei der jüngeren Generation zeichnete sich bereits ein neuer Trend ab, sie zog es vor, allein in einem Haus zu wohnen.

Nach kurzer Zeit merkte ich, wie dringend es nun für mich war, die arabische Sprache zu erlernen. Besonders langweilte ich mich, wenn wir Gäste hatten, denn ich verstand sehr wenig. Bis auf die üblichen Fragen nach dem Befinden oder Ähnliches, die sie in Englisch an mich richteten, wurde die Unterhaltung dann in Arabisch weitergeführt. Hinzu kam noch, dass sie sich untereinander im Dialekt unterhielten, während an den Schulen und Universitäten im Irak sowie in allen arabischen Ländern hocharabisch gelehrt wird.

Wir wohnten nun schon eine längere Zeit im Haus des Bruders und so hatte sich im Laufe der Zeit unter uns beiden Frauen eine gewisse Arbeitsteilung bei der Hausarbeit eingespielt. Meine Schwägerin übernahm das Kochen und ich spülte danach das Geschirr. Hin und wieder kochte ich auch für die Familie ein deutsches Gericht. Während dieser Zeit lernte ich die arabische Küche mit ihren exotischen Früchten kennen und half auch bei der Zubereitung. Ein beliebtes Gericht ist „Dolmeh", das sind Weinblätter, die mit Reis, Tomaten, Kräutern, Hackfleisch und Gewürzen gefüllt sind. Fast bei allen Gerichten werden Tomaten oder Tomatenmark verarbeitet, sodass die Soßen rot und säuerlich sind.

Während unseres Zusammenlebens lernte ich auch die Gewohnheiten und alten Traditionen kennen, die mir bisher unbekannt geblieben waren, wie beispielsweise die Entfernung von Körperhaaren bei Frauen. Ich hatte mich schon gewundert, dass die jungen Mädchen ab dem heiratsfähigen Alter wie die Frauen keine Haare an Armen, Beinen und im Gesicht hatten. Eines Tages sah ich dann meiner Schwägerin zu, wie sie sich von den lästigen Härchen befreite, denn im Irak und in den arabischen Ländern gilt Körperbehaarung seit langer Zeit als unästhetisch. Die irakischen Frauen entfernten sich die Haare entweder mit warmem Wachs, einer warmen Zuckerlösung oder mit einem gedrehten Faden. Auch meine Beine mussten unbedingt mit der Zuckermethode behandelt werden. Natürlich war es anfangs recht schmerzhaft, aber die Methode war erfolgreich. Ich beobachtete auch beim Frisör, dass die Männer sich dort ihre Gesichtshaare durch die Fadenmethode entfernen ließen.

Eines Tages suchten wir den Gerichtshof in Bagdad auf, um unsere Ehe beglaubigen zu lassen. Es war zum Gesetz geworden, dass Ehen, die im Ausland geschlossen worden waren, nochmals im Lande legalisiert werden mussten.

Die standesamtliche Trauung in Berlin im Juli 1961 und die Heiratsurkunde von der irakischen Botschaft in Prag waren nicht genug, nun mussten wir unsere Ehe ein drittes Mal bestätigen lassen. Nachdem wir die Unterlagen dem Kadi im Gerichtshof vorgelegt hatten, versuchte er mich zu überzeugen mich von meinem christlichen Glauben zu lösen und zum islamischen, dem mein Ehemann angehört, überzutreten. Damit waren wir beide natürlich nicht einverstanden. Mein Mann machte ihm daraufhin den Vorschlag, er selbst könne auch zum Christentum überwechseln, aber das lehnte der Kadi strikt ab. Wir verblieben dann so, dass jeder seinen Glauben, so wie er geboren wurde, beibehielt.

Doch unter diesen Bedingungen war der Kadi nur bereit, unseren Ehevertrag für die begrenzte Zeit von fünfzig Jahren abzuschließen. Das heißt, dass unsere Ehe im Irak nur bis zum Jahr 2018 gültig ist, danach müssten wir eine Verlängerung beantragen.

Interessant war für mich in diesem Zusammenhang, dass ein Moslem jedes Mädchen, unabhängig ihrer Konfession, heiraten kann. Möchte jedoch ein Mann, der beispielsweise der christlichen, jüdischen oder einer anderen Religion angehört, ein Mädchen mit islamischem Glauben heiraten, so muss er vorher ihren Glauben annehmen.

Eines Tages erhielt ich von Kadhims Nichte eine Einladung zum Kindergeburtstag. Für mich war es eine Abwechslung und so brachte mich Kadhims Bruder mit seinem Auto zu der Geburtstagsfeier.

Ich freute mich auf die Kinderparty und war neugierig, wie man im Irak einen Geburtstag feierte. Es war das erste Kind in der jungen Familie und noch dazu ein Junge, der ein Jahr alt wurde. Die Familie hatte ich bereits vorher kennen gelernt, sie wohnten in der Nähe des Flusses in einer angenehmen Wohngegend. Ihr Haus war umgeben von einem schönen Garten, es war modern gebaut und gut eingerichtet. Hier konnte man sich richtig wohlfühlen.

Als ich ankam, waren die anderen Gäste noch nicht eingetroffen und so nahmen wir in der geräumigen Diele, wo sich die Familie stets aufhielt, Platz. Fast in allen Häusern war die Diele, auch „Hall" genannt, mit einem Fernsehgerät und mit Holzbänken, die mit bunt bezogenen Schaumstoffauflagen belegt waren, ausgestattet. Der Salon mit seinen Polstermöbeln, schweren Gardinen und Nippes blieb meistens verschlossen, hier wurden nur bei Festen die Gäste empfangen.

Die Mutter des Geburtstagskindes war auch Lehrerin und so erwartete sie ihre Kolleginnen und Nachbarn. Langsam kamen die ersten Gäste vorgefahren. Sie waren beladen mit großen Geschenkpaketen für das Kind. Alle waren sie elegant gekleidet, hatten ihren Schmuck angelegt und waren sehr ausdrucksvoll geschminkt, sodass ich mir in meiner Natürlichkeit und in meinem neu gekauften Twinset sehr einfach vorkam. Ich hatte erwartet, dass hier ein Kindergeburtstag gefeiert wurde, aber es war eine Party für Erwachsene. Wir machten es uns bequem in dem schön eingerichteten Salon. Nachdem wir uns miteinander bekannt gemacht hatten, wurde Mokka mit Süßigkeiten und Geburtstagstorte angeboten. Ich blieb nicht sehr lange, denn ich hatte mich mit Kadhims Bruder verabredet.

Auf der Rückfahrt unterhielten wir uns über den Kindergeburtstag und er erzählte mir, dass die Intellektuellen versuchten, westliche Gewohnheiten auch im Irak zu übernehmen. Damals wurde im Irak ein Geburtstag normalerweise nicht gefeiert. Ich wusste auch von meinem Mann und anderen Freunden seines Alters, dass ihnen ihr genaues Geburtsdatum gar nicht bekannt war. Ihre Mütter erinnerten sich nur noch an bestimmte religiöse Feste, an Katastrophen oder politische Ereignisse, die ihnen vom jeweiligen Geburtsjahr ihrer Kinder in Erinnerung geblieben waren.

Die Kassem-Regierung löste das Problem mit dem Geburtsdatum durch den Erlass eines Gesetzes. Allen Irakern, die einen Antrag auf einen Reisepass stellten und den Tag und Monat ihrer Geburt nicht kannten, wurde der 1. Juli in ihren Pass eingetragen. Davon ausgenommen waren die Christen, da ihnen durch die Taufe ihr Geburtsdatum bekannt war.

Es war an einem Wochenende im September, als wir mit der Familie von Kadhims Bruders mit dem Auto nach Kerbala reisten. Wir wollten beide Schwestern mit ihren Familien besuchen. Etwa hundert Kilometer südlich von Bagdad liegt die mittelgroße Stadt Kerbala. Der Euphrat schlängelt sich entlang der Stadt und hat das sandige Gebiet in eine fruchtbare Oase verwandelt, in der Dattelpalmen, Zitrusfrüchte, weitere Obstsorten und Gemüse sehr gut gedeihen. Unterwegs begegneten wir einer Kamelkarawane, die mit Datteln beladen war. Es war die Zeit der Dattelernte. Für mich war es ein Erlebnis, diese Wüstentiere in einer größeren Anzahl zu sehen. Im Irak gibt es nur noch wenige Kamele, die für Lastentransporte eingesetzt werden. Heutzutage sind überall die großen Lastkraftwagen auf den Verkehrsstraßen anzutreffen.

Wir befanden uns kurz vor Kerbala. Große Dattelplantagen zogen sich entlang der Verkehrsstraße. Die Dattelpalme ist hier eine wichtige Nutzpflanze. Wegen des heißen Klimas gedeiht sie besonders im Süden des Landes. Es gibt etwa fünfhundert verschiedene Dattelsorten, von denen jährlich große Mengen geerntet und exportiert werden. Die Datteln werden in der Lebensmittelindustrie zu Sirup und zu Arrak weiterverarbeitet.

Als wir die Stadtmauer von Kerbala erreichten, bat man mich, obwohl wir noch eine Strecke zu fahren hatten, die Abaya oder wenigstens ein Kopftuch anzulegen. In dieser Stadt ist es den Frauen moslemischen Glaubens nicht gestattet, ohne Abaya auf die Straße zu gehen, da Kerbala eine Hochburg der Schiiten und gleichzeitig eine der Heiligen Städte Iraks ist. Obwohl es im Koran nur heißt, dass die Frauen des Propheten Mohammad sich nicht freizügig in ihrer Kleidung zeigen sollten, wurde in der Zeit der Abbasiden (von 749 bis 1258 n.Chr.) das Tragen des Schleiers für die Frauen der herrschenden Schicht festgelegt. Sie sollten sich dadurch von den Haremsdamen (Sklavinnen) unterscheiden.

In Kerbala sah ich, dass sogar die kleinen Mädchen ab dem siebten Lebensjahr außerhalb des Hauses die Abaya trugen. Auch von den ausländischen Frauen anderer Konfessionen erwartete man hier, dass sie angemessen bekleidet waren und ein Kopftuch trugen.

Mein Mann erzählte mir Näheres über die Geschichte der Heiligen Stadt Kerbala, in der er geboren wurde und aufwuchs: Seit langer Zeit ist Kerbala eine Pilgerstadt. Viele schiitische Gläubige kommen jährlich von weit her, um das Grab von Hussein und seinem Bruder Abbas zu besuchen und dort zu beten. Hussein war der Sohn des Kalifen Ali. Er und seine Begleiter wurden bei einer Schlacht im Jahr 680 n.Chr. von dem Heer der Omayaden massakriert. Der Kopf Husseins wurde aufgespießt und nach Damaskus, in die Hauptstadt der Omayaden, gebracht. In beiden Städten, in Damaskus wie auch in Kairo, befindet sich ein Grab und man behauptet, dass darin der Kopf Husseins begraben sei. Sein Körper jedoch verblieb in Kerbala, wo er in der Hussein-Moschee begraben ist. Auch sein Halbbruder Abbas wurde von den Omayaden getötet. Dessen Grabstätte befindet sich in der Abbas-Moschee.

Jedes Jahr im Monat Muharram, dem ersten Monat im arabischen Mondjahr, begehen die Schiiten den Todestag Husseins. Als Zeichen der Trauer wehen dann an der Kuppel und an den Minaretten der Hussein- und Abbas-Moschee schwarze Fahnen. Aus diesem Anlass finden sich stets viele gläubige Schiiten in Kerbala ein, wo sie an dem Trauermarsch teilnehmen, der die Leidensgeschichte nachstellt. An der Spitze des Trauerzuges tragen die Männer eine enthauptete Gestalt, die Hussein darstellen soll, durch die

Straßen von Kerbala. Viele Männer schließen sich dem Trauermarsch an und schlagen sich im Rhythmus der Pauken und des Trauer-Sprech-Gesangs mit den Händen auf ihre entblößten Oberkörper. Andere geißeln sich sogar mit eisernen Ketten mit kleinen Widerhaken, mit denen sie sich die Schultern und den Rücken blutig schlagen. Eine weitere Gruppe von Gläubigen schlägt sich mit der flachen Seite einer Schwertklinge auf ihren rasierten Schädel, wobei es oft zu starken Verletzungen kommt. Diese Zeremonie der Trauer hält dreizehn Tage an.

Ich selbst habe diesen Trauermarsch nicht miterlebt, da man mir als Nichtmoslem während der Trauertage von einem Besuch der Stadt abgeraten hatte.

Die Stadt Kerbala wird nicht nur von den Pilgern besucht, sondern es werden auch verstorbene, gläubige Schiiten aus anderen Städten Iraks, ja selbst aus Persien, Afghanistan und Indien hierhergebracht. Es ist der letzte Wunsch dieser Gläubigen, in der Nähe des Grabes von Hussein, in der geweihten Erde beerdigt zu werden.

Oft sah ich in den Straßen Bagdads eine Anzahl sich langsam vorwärtsbewegender Autos, die in Richtung Kerbala fuhren. Das erste Auto transportierte in einem primitiven Holzsarg, der auf dem Dachgepäckträger festgebunden war, einen Toten. In den nachfolgenden Autos waren Verwandte und Freunde, die den Verstorbenen zu seiner letzten Ruhestätte nach Kerbala geleiteten.

Während bei uns der Verstorbene bekleidet in einem Sarg beerdigt wird, findet der Tote im Irak unbekleidet, nur in ein weißes Baumwolltuch eingenäht, in der Muttererde seine letzte Ruhe. Den Leichnam legt man stets auf seine rechte Körperseite, der Kopf liegt etwas erhöht auf einem Stein. Nachdem das Grab mit Erde zugeschüttet ist, beschichtet man es mit Steinen, um den Toten vor aasfressenden Tieren zu schützen.

Als ich später den Friedhof mit seinen Gräbern in Kerbala besuchte, war ich überrascht, wie kahl es dort war. Es gab weder Bäume, Sträucher noch Blumen, so wie ich es bei uns kannte. Hier waren nur aufgeschichtete Steinhaufen zu sehen, auf denen teilweise nur der Name des oder der Toten geschrieben stand. Anders sahen die Familiengräber aus, die aus einem kleinen Kuppelbau bestanden. Eine Grabstätte so nah bei Hussein ist natürlich sehr teuer und nur Wohlhabende können sie sich leisten.

Wir fuhren nun durch das Zentrum der Stadt Kerbala. Meine Schwägerin hatte ihr Haar mit der Abaya bedeckt, während ich mir das Kopftuch umgebunden hatte. Zuerst wollten wir die ältere Schwester und ihre Familie besuchen. Sie lebte in dem alten Haus ihres Vaters, in dem auch Kadhim seine Kindheit verbracht hatte. Es lag ganz in der Nähe der Heiligen Moschee von Abbas, in einer engen Gasse. Von außen wirkte das Haus völlig unscheinbar und ohne jegliche Verzierung. Die alte Eingangstür war aus schwerem Holz und hatte noch einen Türklopfer aus Messing. Eine Klingel gab es nicht. Als wir eintraten, staunte ich über den alten, arabischen Baustil des Hauses. Das zweistöckige Haus hatte einen hellen, gefliesten Innenhof, der nach oben offen war. So konnten frische Luft und Tageslicht eindringen.

Während der heißen Jahreszeit spielt sich das tägliche Leben im Innenhof des Hauses ab. Später, in den Wintermonaten, zieht sich die Familie in die Zimmer zurück.

Es war gerade Mittagszeit und die Schwester hatte für uns das Essen vorbereitet. Eine Einladung zum Essen bei einer arabischen Familie bedeutet, dass man stets eine reich gedeckte Tafel mit einer Vielzahl von Gerichten vorfindet. Auf dem Fußboden, in der Mitte des Hofes, wurde ein Tuch ausgebreitet und darauf kamen die verschiedensten Speisen. Wir setzten uns im Schneidersitz auf die Matten und begannen mit dem Essen. Der Gastgeber zeigte sich besonders großzügig und legte mir ein großes Stück Lammfleisch und andere Köstlichkeiten auf meinen Teller, sodass es für mich unmöglich war, diese große Portion zu schaffen.

Mit der Zeit bereitete mir diese ungewohnte Sitzhaltung doch ein wenig Schwierigkeiten. Doch nachdem wir zum Abschluss den süßen schwarzen Tee getrunken hatten, legten wir eine kleine Siesta ein. Es war still, nur der Ventilator summte vor sich hin und wehte uns ein wenig frische Luft zu.

Später wurde ich dann durch das gesamte Haus geführt. Die Türen und Fenster der einzelnen Zimmer waren nur vom Innenhof aus zu öffnen. In den oberen Etagen führte eine Galerie, die von einem schmiedeeisernen Geländer umgeben war, zu den einzelnen Zimmern. Wir stiegen auch zur Dachterrasse hinauf, von der aus wir einen wunderbaren Blick auf die Stadt und die beiden Moscheen von Abbas und Hussein mit ihren vergoldeten Kuppeln und Minaretten hatten.

Das Haus besaß noch einen tiefen Keller mit einem Brunnen. Dank seiner angenehmen Kühle diente er im Sommer zur Lagerung von Trinkwasser, Wassermelonen und anderen Früchten. Auch wurde er während der großen Hitze als Schlafstätte genutzt.

Als wir alle wieder im Hof versammelt waren, bat mich Kadhims Schwester, die eine strenggläubige Schiitin ist, ihr einen bestimmten Satz nachzusprechen. Ich versuchte ihn Wort für Wort wiederzugeben, aber ich verstand davon sehr wenig. Als ich mit viel Mühe den Satz beendet hatte, las ich Zufriedenheit in ihrem Gesicht. Mein Mann erklärte mir später, ich hätte bei seiner Schwester das islamische Glaubensbekenntnis „Es gibt keinen Gott außer Allah und Mohammad ist der Prophet Gottes" abgelegt. Ich nahm es damit nicht so ernst und ließ die Schwester guten Glaubens, mich vom Islam überzeugt zu haben.

Nun brachen wir auf, um der jüngeren Schwester und ihrer Familie noch einen Besuch abzustatten. Sie wohnten in einem eigenen, neuen Haus. Der Empfang war auch hier sehr herzlich, sie freuten sich sehr über das Wiedersehen. Während sich die anderen unterhielten, fragte ich die Töchter, die im Alter zwischen sechzehn und achtzehn Jahren waren, ob sie mit mir die Moschee von Hussein besuchen würden. Sie stimmten zu und so machten wir uns auf den Weg. An der Hauptstraße warteten wir auf eine Pferdekutsche, das übliche Fortbewegungsmittel innerhalb der Stadt. Wenn man es eilig hatte, konnte man auch ein Taxi benutzen. Die Mädels winkten einen Kutscher heran und wir stiegen ein. Beim Einsteigen hatte ich große Probleme mit der Abaya, denn sie rutschte mir immer wieder vom Kopf. Trotzdem war es ein nostalgisches Gefühl, mit einer Kutsche durch die Stadt zu fahren.

An einem kleinen Souvenirstand in der Nähe der Moschee hielt der Kutscher und wir stiegen aus. Der Besitzer des Standes war Perser und ich bemerkte, dass er aufgeregt auf meine Begleiterinnen einsprach. Da mein Arabisch äußerst dürftig war, konnte ich nicht verstehen, weshalb er so nervös reagierte. Die Mädchen erzählten mir dann, er habe ihnen erklärt, es sei verboten, mit mir, einer Ausländerin, die Moschee zu betreten. Ich war zwar enttäuscht, gab aber die Hoffnung noch nicht auf. Stattdessen führten die Mädels mich zum Basar, der mir sehr gut gefiel. Anschließend kehrten wir nach Hause zurück, wo wir bereits zum Essen erwartet wurden.

Unsere Gastgeberin hatte sich bei der Vorbereitung der verschiedenen Speisen sehr viel Mühe gegeben und so mussten wir aus Höflichkeit alle Gerichte probieren. Zu allen Speisen wurde Reis angeboten, denn er gehört zu den Grundnahrungsmitteln in den arabischen Ländern. Dass man jedoch auf dem Markt vergebens Schweinefleisch sucht, wusste ich bereits, denn der Koran verbietet den Moslems den Verzehr dieses Fleisches, weil es Trichinen enthalten kann.

Zum Abschluss aßen wir noch von den saftigen Wasser- und Zuckermelonen und beendeten das Essen wiederum mit einem Gläschen schwarzem Tee, der mit Kardamom geschmacklich verfeinert war. Zum Dessert wurde Baklava gereicht, ein mit Mandeln und Pistazien gefülltes süßes Blätterteiggebäck.

Nun nahmen wir Abschied von der Familie, denn wir wollten noch am selben Tag wieder nach Bagdad zurückfahren. Die Schwester eilte in ihr Zimmer und holte schnell noch den Koran, den sie jedem einzeln über den Kopf hielt. Ich sah, wie die anderen den Koran küssten und so tat ich es auch. Der Koran sollte uns auf der Heimfahrt vor einem Unglück bewahren.

Inzwischen waren neun Monate vergangen und mein Mann hatte immer noch keine passende Tätigkeit gefunden. Da erfuhr ich durch Zufall, dass ab Mitte Oktober die Internationale Bagdad Messe stattfinden sollte und die Botschaft der DDR gegen eine gute Bezahlung Arbeitskräfte suchte. Da wir beide kein Geld besaßen und auf Kosten der Familie lebten, war es für mich die Gelegenheit, einen Job anzunehmen. Ich bewarb mich also um die Stelle als Aufsichtsperson in einem Pavillon für Textilien und wurde für vier Wochen eingestellt. Ich freute mich sehr auf diese Tätigkeit, denn sie brachte mir eine Abwechslung. Jeden Nachmittag fuhr ich nun mit dem Bus zum Messegelände und abends holte mich der Bruder meines Mannes wieder ab.

Es war Herbst geworden und in dieser Zeit konnte man mit dem ersten Regen rechnen. Dieser ließ auch nicht lange auf sich warten. In der Nacht begann es so stark zu regnen, dass am nächsten Morgen die Straße, in der wir wohnten, unter Wasser stand. Ich musste aber unbedingt zu meiner Arbeit kommen und so überlegte ich, wie ich trockenen Fußes an die Bushaltestelle gelangen könnte. Schließlich schlüpfte ich kurzerhand in Plaste-Einkaufstüten, band sie um die Knöchel fest und watete so geschützt durch das Wasser.

Im Messepavillion hatte ich viel Kontakt zu den irakischen Besuchern und konnte dadurch meinen kleinen arabischen Sprachschatz schon gut anwenden. Nachdem die vier Wochen um waren, erhielt ich meinen Lohn. Es war mein erstes selbst verdientes Geld im Irak, worauf ich auch ein wenig stolz war.

Ein Jahr war vergangen, als Kadhim endlich eine Arbeit im Landwirtschaftsministerium fand. Wir freuten uns sehr darüber, denn nun waren wir in der Lage, uns ein Haus zu mieten. Wir suchten nach einem kleineren Haus mit modernem Bad und Sitztoilette.

In einer schönen Wohngegend fanden wir ein Haus, das unseren Wünschen entsprach. Das Wohnzimmer war sogar mit einem Kamin ausgestattet. Jedoch hatte das Haus einen Nachteil, denn es hatte keinen Garten, sondern nur einen Hinterhof. Wir mieteten es trotzdem und richteten uns ein. Endlich konnten wir auch die Kisten, die mit unseren persönlichen Sachen gefüllt waren, auspacken. Es machte mir Spaß, die Wohnung neu einzurichten. Von nun an konnten wir unser eigenes Leben führen.

Wir waren inzwischen neun Jahre verheiratet und hatten noch keine Kinder. Seit einiger Zeit hatte sich besonders bei mir der Wunsch nach einem Kind eingestellt. Obwohl die Ehemänner in den arabischen Ländern das Recht haben, sich bei Kinderlosigkeit der Ehe entweder scheiden zu lassen oder eine zweite Frau zu heiraten, hatte Kadhim nie daran gedacht. Im Gegenteil, er konnte sich unsere Ehe auch ohne Kinder vorstellen und beruhigte mich diesbezüglich. Aber, nach all diesen Jahren des Versuches mussten wir uns damit abfinden, dass unsere Ehe kinderlos blieb. Doch schließlich handelten wir nach dem deutschen Sprichwort: „Wer keine Kinder hat, kommt auf den Hund."

Die Idee mit dem Hund wurde geboren, als wir im Garten des Bruders eine Hündin mit drei Welpen bemerkten. Der Bruder besaß eine Hühnerfarm außerhalb Bagdads, wo er beabsichtigte, die Hündin als Wachhund einzusetzen. Ich fand ihre Welpen so niedlich, dass ich mir den Schönsten von ihnen auswählte und ihn mit nach Hause nahm. Ich nannte ihn Tommy und pflegte ihn wie ein Kind.

Man findet in Bagdad kaum eine Familie, die einen Hund im Haus hält. Die Iraker sehen den Hund aus religiöser Sicht als nicht rein, als „neges", an. Nur in den ländlichen Gebieten dient er als Wachhund.

Als der kleine Welpe einige Wochen alt war, zimmerte mein Mann für ihn eine Hütte aus Holz und ich sorgte dafür, dass der kleine Tommy sich darin wohlfühlte und es auch bequem hatte. Die Nacht über verbrachte er in seiner Hütte, die im Hinterhof stand.

In der Mitte des Hofes befand sich nur ein großer Feigenbaum, der sehr wohlschmeckende, dunkelblaue Feigen trug. Seine großen Blätter spendeten uns im Sommer reichlich Schatten, jedoch konnten wir uns in den Abendstunden hier nicht aufhalten, da es zu schwül war. Die ringsum stehenden hohen Mauern des Nachbarhauses verhinderten jeglichen Luftzug.

Eines Tages brachte mein Mann fünf Legehühner mit nach Hause, die auch im Hinterhof, unter dem Feigenbaum, ihre Behausung bekamen. Nun hatten wir täglich unsere Frühstückseier, was sehr schön war. Doch nach einer gewissen Zeit gackerten die Hühner so laut, sicherlich sehnten sie sich nach einem Hahn, dass wir fürchteten, bei den Nachbarn in Ungnade zu fallen. So sahen wir uns gezwungen, sie nach und nach zu schlachten.

Während mein Mann seiner Arbeit im Ministerium nachging, beschäftigte ich mich zu Hause. Langeweile ließ ich nicht aufkommen, denn neben der Hausarbeit und dem Kochen las ich Bücher, die wir aus der DDR mitgebracht hatten. Anfangs ging ich hin und wieder vormittags auf das Dach, um dort ein Sonnenbad zu nehmen, doch war die Sonne im Mai schon so stark, dass die Hitze auf dem Dach nicht mehr auszuhalten war. So musste ich auf die Bräune verzichten.

Während wir Europäer die Sonne anbeten und unseren Körper begeistert von ihr bräunen lassen, gilt in den arabischen Ländern Hellhäutigkeit als Schönheitsideal.

Der Sommer kam und im Haus lief Tag und Nacht die Klimaanlage auf Hochtouren. Tagsüber verließ ich das Haus kaum, erst nach Sonnenuntergang tätigten wir gemeinsam die Einkäufe oder besuchten kurz die Familie. Bei Tagestemperaturen von fünfzig Grad und mehr im Schatten war ein Garten, in dem man sich zumindest in den Abendstunden bei angenehmen Temperaturen aufhalten konnte, unbedingt erforderlich. Für uns stand nun fest, dass wir im kommenden Frühjahr ausziehen und uns nach einem anderen Haus mit Garten umsehen mussten.

Im Herbst 1969 herrschte eine gewisse Spannung zwischen der Baath-Partei und anderen politischen Organisationen. Die Baath-Partei ließ viele Menschen, unter ihnen Demokratischen und Nationalisten, verhaften und hinrichten. Auf dem Platz der Befreiung im Zentrum der Stadt wurden öffentlich die Hinrichtungen vollzogen. Die Leichname hingen rund um den Platz verteilt und viele Menschen strömten dorthin, um sich das grausame „Schauspiel" anzusehen. Zur Abschreckung wurden die Gehenkten auch im Fernsehen gezeigt, sodass jeder, auch die Kinder, sich diese entsetzlichen Bilder ansehen musste.

Das Baath-Regime rechtfertigte die öffentlichen Hinrichtungen mit der fadenscheinigen Behauptung, diese Personen hätten Spionage betrieben. Die Bilder im Fernsehen schockierten mich sehr und ich befürchtete, die politische Lage könne sich weiter verschärfen. Die Angst, meinem Mann könnte etwas geschehen sein, überfiel mich, sobald er nur ein wenig später als gewöhnlich nach Hause kam. Ich fühlte mich in die Nazi-Zeit zurückversetzt, obwohl ich diese nur als Kleinkind erlebt hatte.

Doch nach einigen Monaten schien es, als hätte sich das politische Klima zu Gunsten der demokratischen Kräfte gewandelt, denn im Jahre 1969/70 bahnten sich freundschaftliche Beziehungen zwischen dem Irak und der DDR an. Kurz darauf wurde ein Freundschaftsabkommen zwischen beiden Staaten abgeschlossen. Der Irak war der erste Staat, außer den sozialistischen Ländern, der die DDR anerkannte. Daraufhin wurden beiderseitige Wirtschaftsverträge abgeschlossen und ein Kulturzentrum der DDR in Bagdad eröffnete. Viele Iraker hatten wieder die Möglichkeit, die deutsche Sprache zu erlernen bzw. die Bibliothek zu nutzen. Vorher hatten die Iraker das Goethe-Institut der Bundesrepublik besucht, das jedoch, als Folge der Anerkennung der DDR durch den Irak, seitens der BRD geschlossen wurde.

Bei Begegnungen mit Irakern wurde ich oft gefragt, aus welchem Teil Deutschlands ich käme. Sobald sie erfuhren, dass ich aus der DDR kam, brachten sie offen ihre Sympathie zum Ausdruck.

Inzwischen hatte sich mein Mann um eine andere Arbeitsstelle bemüht. Er bewarb sich an einer der Universitäten in Bagdad. In der Mustanzeria-Universität lehrte er dann Wirtschaftswissenschaften. Finanziell gesehen ging es uns durch den Wechsel besser.

Wir waren nun auf der Suche nach einem anderen Haus. Ganz in der Nähe war ein Haus mit Garten zu vermieten, das von der Größe her unseren Vorstellungen entsprach. Der Garten mit seinen wunderschönen Palmen, die ich so mochte, wirkte zwar ein wenig ungepflegt, aber das ließe sich durch einen Gärtner ändern. Auch für unseren Hund fanden wir in einer Ecke des Gartens einen idealen Platz.

Nachdem wir das Haus besichtigt hatten, unterschrieben wir den Mietvertrag. Der Umzug war kein Problem, denn wir hatten damals noch wenig Möbel und Kadhims Neffen halfen alle mit. Während Kadhim an der Universität lehrte, hatte ich zu Hause Zeit, die Ordnung nach dem Umzug wiederherzustellen.

Kurz nachdem wir eingezogen waren, stellte sich bei uns ein Gärtner vor, der unseren Garten bearbeiten wollte. Im Irak ist es üblich, dass die Gartenarbeit von einem Gärtner verrichtet wird.

So schlossen wir mit ihm eine Vereinbarung. Eines Tages

beobachtete ich, wie unser Gärtner mit einer ungeahnten Leichtigkeit auf die Palme kletterte. In der Hand hielt er eine männliche Blütenstaude, mit welcher er die Blüten unserer Palmen bestäubte. Im September, nachdem die große Hitze vorüber war, die für die Reife der Datteln erforderlich ist, konnte dann geerntet werden. Jede Palme trug ungefähr achtzig bis hundert Kilo Datteln. Wir behielten nur einen kleinen Teil für uns. Den Rest verschenkten wir an Verwandte und Bekannte, denen wir damit eine große Freude bereiteten.

Durch Bekannte erfuhren wir zufällig, dass an der Hochschule für Literatur, die sich in unserem Wohnbezirk befand, die arabische Sprache gelehrt wurde. Da ich Interesse und Zeit hatte, schrieb ich mich an der Hochschule ein. Das Sprachstudium dauerte drei Jahre und war nur für ausländische Studenten vorgesehen. Wir waren eine sehr gemischte Klasse, jedoch waren die jungen Männer in der Überzahl. Sie kamen aus Bulgarien, Malaysia und Indonesien und wollten nach dem Sprachstudium an einer der Universitäten in Bagdad studieren, während wir jungen Frauen mit Irakern verheiratet waren und die arabische Sprache erlernen wollten. Ich war die einzige Deutsche in dem Studienjahr. Da mein Vorname so lang und kompliziert für die Dozenten war, nannten sie mich Laila.

Jeden Nachmittag ging ich von vier bis sieben Uhr zu diesem Institut, wo Grammatik, Literatur, Geschichte und der Koran gelehrt wurden. Das Studium machte mir Spaß und es war gleichzeitig eine angenehme Abwechslung für mich.

Obwohl wir und Kadhims Familie nicht im selben Stadtbezirk wohnten, sahen wir uns des Öfteren. Bei einem Treffen erzählte mir meine Schwägerin, dass ihre Mutter gern mit mir eine bekannte sunnitische Moschee im Stadtteil Adhamia besuchen wollte. Ich war über dieses Angebot sehr erfreut und vereinbarte sogleich ein Treffen mit ihr.

Beide in Abayas gehüllt, betraten wir den Innenhof der Moschee, der von einer hohen Mauer umgeben war. Hier befanden sich mehrere Waschgelegenheiten für die Besucher. Am Eingang der Moschee zogen wir unsere Schuhe aus und übergaben sie dem Wächter zur Aufbewahrung. Als wir die Moschee betraten, war ich über den großen Innenraum mit seinen vielen, mächtigen Säulen überrascht. Barfuß schritten wir über die großen, farbigen Perserteppiche. Es herrschte Stille, obwohl sich viele Besucher in der Moschee befanden. Sie beteten leise, manche ruhten sich auf den Teppichen aus und einige schliefen sogar. Andere Besucher saßen im Schneidersitz und lasen im Koran. Stühle oder Bänke gab es hier nicht. An der gewölbten, reich mit Ornamenten verzierten Decke hingen große Kronleuchter, deren Licht im Gebetsraum eine feierliche Atmosphäre verbreitete. Ich wunderte mich, dass keine Bilder von dem Propheten Mohammad zu sehen waren, ich hatte eine Bebilderung wie in den Kirchen erwartet.

Interessant war für mich auch, dass die Ornamente einer Moschee keine Tiermotive enthielten, sondern nur aus Blüten, Ranken und Linien bestanden. Nur in Teppichen findet man Tiere der niederen Ordnung, wie Vögel und Fische, abgebildet.

Wir begaben uns dann zum Grabmahl des bekannten sunnitischen Gelehrten, Abu Hanife, das durch ein kunstvoll verziertes Gitter aus Silber geschützt wurde. An das Gitter waren rote und grüne Bändchen geknüpft. Meine Begleiterin erklärte mir, dass die farbigen Bändchen Wünsche von Besuchern verkörpern. Sie bat mich das Gitter zu berühren, während sie für mich ein rotes Bändchen festband und anschließend betete. Einige der Gläubigen hatten sogar Geldscheine durch die Gitter geschoben. Wir begaben uns dann zum Ausgang und nahmen unsere Schuhe entgegen. Erstaunlicherweise wusste der Wächter genau, welche der vielen Schuhe wem gehörten. Dann verließen wir die Moschee.

Zufrieden kehrte ich nach Hause zurück, denn nach so vielen Anläufen hatte ich nun endlich eine Moschee von innen gesehen. Ich erzählte meinem Mann von dem Moscheebesuch und dem farbigen Bändchen. Mein Mann lächelte nur über diese alte und sinnlose Tradition.

Nach dem Moscheebesuch erfuhr ich, dass der Koran und auch die Überlieferungen von Mohammad kein Verbot von Bildern des Propheten enthalten. Erst später haben die religiösen Gelehrten das Bilderverbot, insbesondere von Mohammad, in das islamische Gesetz, die Scharia, mit aufgenommen.

Im Frühling 1970 war ich endlich schwanger. Die Nachricht darüber verbreitete sich innerhalb der Familie rasend schnell und die Freude über meine Schwangerschaft war sehr groß. Sogleich meldete sich auch die Mutter meiner Schwägerin und erzählte mir, dass sie in der Moschee zu Allah gebeten habe, mir ein Kind zu schenken, und er habe sie erhört. Ich bedankte mich vielmals bei ihr, neigte aber mehr dazu, das Verdienst meiner Ärztin und ihrer Medizin zuzuschreiben, bei der ich in Behandlung war.

Im Irak ist Kinderlosigkeit in der Ehe ein Scheidungsgrund. Stellt sich nach einigen Ehejahren kein Nachwuchs ein, so ist der Ehemann berechtigt, eine andere Frau zu heiraten.

Ich war nun in den ersten Monaten schwanger und wie allgemein bekannt ist, haben Schwangere in dieser Zeit besondere Gelüste nach bestimmten Speisen. So erging es auch mir. Ich hatte plötzlich unstillbaren Appetit auf Harzer Käse, den es aber im Irak nicht zu kaufen gab. Nun arbeitete mein Mann gerade an seiner Habilschrift und wollte in Kürze nach Berlin fliegen. Es bot sich also die Gelegenheit, mir diesen Wunsch zu erfüllen.

Nach seiner Verteidigung in Berlin nahm er den nächsten Flug, um schnellstens nach Bagdad zurückzukehren. Unterwegs kaufte er noch in aller Eile den Harzer Käse für mich und dazu den stark riechenden Romadur. Nur leicht verpackt nahm er den Käse als Handgepäck mit in das Flugzeug. Als nun die Maschine langsam zu starten begann, breitete sich ein unangenehmer Geruch nach Käse aus. Die Fluggäste begannen untereinander über den Gestank zu reden und fragten sich, woher dieser wohl käme. Auch mein Mann beteiligte sich an dem Rätselraten, damit der Verdacht nicht auf ihn fiel. Erst nachdem das Flugzeug eine bestimmte Höhe erreicht hatte, setzte die Klimaanlage ein und der Geruch ließ endlich nach. Als er zu Hause ankam, erzählte er mir die Geschichte von dem Käse und erklärte, dass er nie mehr Käse für mich mitbringen würde. Ich habe darüber herzlich gelacht.

Ende Juni begannen und an den Universitäten die Semesterferien. Ich freute mich sehr darauf, denn nun konnte ich bei der großen Hitze zu Hause bleiben. Dadurch, dass in den Räumen die Klimaanlage lief, war es ganz angenehm, jedoch war die Luftfeuchtigkeit sehr hoch.

Vorwiegend verwenden die Iraker zur Klimatisierung ihrer Wohnhäuser den Aircooler, der preiswerter als die Aircondition ist, weil er auf Wasserbasis betrieben wird. Nur die Oberschicht kann sich eine Aircondition leisten.

Obwohl ich mich zu Hause befand, hatte ich das Bedürfnis, mehrmals am Tage zu duschen. Leider war das Wasser nicht so erfrischend, wie man es sich wünschte, da die Wassertanks generell auf den Hausdächern standen und somit der prallen Sonne ausgesetzt waren.

Ich hielt mich tagsüber in den Räumen auf und ging erst am späten Nachmittag aus dem Haus. In den Büros und in den Betrieben arbeiteten die Angestellten und Arbeiter im Sommer verkürzt bis vierzehn Uhr täglich. In der ganzen Stadt war es um die Mittagszeit sehr ruhig, denn die Läden waren zum größten Teil geschlossen. Die Händler waren zu Hause und hielten nach dem Essen ihren Mittagsschlaf, so wie es in den südlichen Ländern üblich ist. Auch ich hatte mich rasch an die Siesta gewöhnt, denn der Körper verlangte bei diesen heißen Temperaturen nach einer Ruhepause.

Täglich brannte die Sonne und am Himmel war kein einziges Wölkchen zu sehen. Der Himmel war am Tag azurblau und in der Nacht mit Sternen übersät. Die meisten Iraker schliefen schon ab Ende Mai nachts auf dem Dach. Den meisten Europäern ist das sicher schwer vorstellbar, weil sie vorwiegend schräge Dächer kennen. Aber im Irak sind die Dächer der Häuser alle flach und gefliest. Die äußere Hausmauer ist etwas höher gezogen, sodass eine Einsicht von der Straße auf die Schlafstelle verwehrt ist. Nur von einem höher gebauten Nachbarhaus ist ein Blick auf die Schlafstelle möglich. Jedoch riskierten die Iraker diesen Blick nicht, so sagte man mir, obwohl ich es nicht glaube und es mir auch nicht vorstellen kann.

Mein Mann wollte bei den angenehmen Nachttemperaturen auch lieber auf dem Dach schlafen als mit der Klimaanlage im Zimmer. Bei laufender Klimaanlage zu schlafen war durch die ständigen Geräusche und die feuchte, kühle Luft nicht angenehm. Obwohl ich gewisse Hemmungen hatte unter freiem Himmel zu schlafen, wollte ich es versuchen und so kauften wir uns Metallbetten, die tagsüber auf dem Dach stehen blieben. Als Zudecken benötigten wir nur ein Laken, denn die Nächte waren schwül und warm. Hinzu kam noch, dass die aufgeheizten Hauswände in der Nacht noch Wärme abgaben.

Sehr wichtig war auch das Moskitonetz, das uns vor Insektenstichen schützte. Nun konnten wir jede Nacht vor dem Einschlafen den Sternenhimmel bestaunen und den Mond in seinen einzelnen Phasen beobachten. Anfangs hatte ich Probleme einzuschlafen, denn mich störten das helle Mondlicht, die nächtlichen Geräusche und das Vogelgezwitscher, das in aller Frühe einsetzte. Doch das erwies sich als eine Sache der Gewöhnung, denn nach einer gewissen Zeit empfand ich den Schlaf im Freien als sehr angenehm.

Die heißeste Zeit war im September vorüber, der Monat brachte ein wenig Abkühlung mit sich. Da erhielt ich die traurige Nachricht vom Tod meiner Mutter. Ich konnte es in dieser kurzen Zeit nicht möglich machen, an ihrer Beerdigung teilzunehmen, denn ich war schwanger und die Fluggesellschaft übernahm das Risiko nicht. Es war besonders schwer für mich, in diesem Zustand und fern von meiner Familie den plötzlichen Tod meiner Mutter zu verkraften. Mein Mann und seine Familie trösteten mich liebevoll und standen mir bei. In aller Stille trauerte ich um meine liebe Mutter.

Durch die Schwangerschaft hatte ich gehörig an Umfang zugenommen und sehnte immer stärker den Tag der Geburt herbei. Wir freuten uns beide sehr auf das Kind. Kurz vor dem Jahreswechsel war es dann soweit. Ich gebar in einem Privathospital einen kräftigen Jungen, den wir Samer nannten. Obwohl es auch staatliche Krankenhäuser gab, in denen die Entbindung kostenlos war, zogen wir das Privathospital vor.

Als ich das Kind zum ersten Mal in meinen Armen hielt, bewunderte ich seine Vollkommenheit. Wir waren nun eine Familie und beide sehr glücklich. Meine neue Aufgabe als Mutter eines neugeborenen Kindes verhalf mir sehr, über den Tod meiner Mutter hinwegzukommen.

Von diesem Zeitpunkt an legte ich die Trauerkleidung ab. Mit dem Kind kehrte auch die Freude in unser Haus zurück. Kadhim überreichte mir anlässlich der Geburt unseres Sohnes ein sehr schönes Gliederarmband aus Gold. Die Verwandten schenkten dem Baby kleine Arm- und Fußreifen aus Gold, die mit echten Perlen und Türkisen verziert waren, und auch Geld. In den ersten vierzehn Tagen wohnte eine Nichte von Kadhim bei uns, die mich sehr unterstützte und die Hausarbeit übernahm. So konnte ich mich etwas erholen und die Zeit mit dem Baby genießen.

In einigen arabischen Ländern ist es üblich, dass die Eltern mit dem Vornamen des ersten Kindes angeredet werden. Nach der Geburt unseres Sohnes Samer wurde ich von der Familie und von Freunden nicht mehr mit meinem Vornamen Traudel, sondern mit „Umm Samer" (Mutter von Samer) angeredet, während Kadhim fortan „Abu Samer" (Vater von Samer) genannt wurde.

Im Grunde genommen war es uns gleich, ob ich einen Jungen oder ein Mädchen gebären würde, aber in den arabischen Ländern werden Söhne bevorzugt, weil sie nach der Tradition später für die Familie verantwortlich sind. Die Eltern sehen in ihren Söhnen eine gesicherte Altersvorsorge. Generell wünschen sich die irakischen Familien immer zuerst einen Sohn, danach sind auch Töchter willkommen.

Unser Sohn hatte sich prächtig entwickelt und war in dem Alter von zwei Monaten, wo gewöhnlich die Moslems und Juden ihre Söhne beschneiden lassen. Bei der Beschneidung wird aus hygienischen Gründen die Vorhaut am Glied gekürzt. Früher hatte der Frisör „Al Sarti" diese Aufgabe übernommen, während man sich mittlerweile Medizinern anvertraut. Am Tag der Beschneidung des Sohnes feiert die Familie ein Fest und die geladenen Gäste überreichen dem Jungen kleine Geschenke. Zum Glück wurde unser Sohn so geboren, dass eine Beschneidung nicht erforderlich war. Im Volksmund pflegte man zu sagen, „der Mond habe ihn beschnitten".

Im Irak werden die Mädchen nicht beschnitten. Jedoch gibt es noch einige arabische Länder, wie beispielsweise der Sudan und

Ägypten, wo diese menschenverachtende Methode, die Mädchen an ihren Genitalien zu verstümmeln, noch praktiziert wird.

Nach einer kurzen Babypause wollte ich mein Sprachstudium fortsetzen, aber es gab ein Problem: Wer bleibt bei dem Kind? Ein Neffe meines Mannes erklärte sich bereit und wollte bei dem Baby bleiben, bis wir jemanden gefunden haben. Daraufhin empfahl uns eine Bekannte eine Frau im mittleren Alter, die Erfahrung mit Kleinkindern hatte. Sie kam und stellte sich bei uns vor. Sofort nahm sie unser Baby auf den Arm um zu demonstrieren, dass sie mit dem Kind umgehen konnte. Doch ich sah nur mit Entsetzen, wie es sein Köpfchen auf die Schulter ihrer etwas verschossenen Abaya legte, und bekam sehr große Bedenken, was die Hygiene anbetraf. Zum Glück fanden wir dann ein junges Mädchen, das täglich einige Stunden, während ich im Institut war, bei dem Baby verbrachte. Es waren nur noch wenige Wochen bis zu den Sommerferien, dann konnte ich mich dem Kind ganz widmen.

Ende Juni, als unser Sohn sechs Monate alt war, flog ich mit ihm zu meiner Familie nach Thüringen. Kadhim wollte im August zu einem Jugendfestival nach Chile fliegen und danach zu mir in die DDR kommen. Es war für mich nicht einfach, mit dem Gepäck und einem Baby im Arm diese weite Reise zu unternehmen, aber ich wollte unbedingt nach Hause. Ich hatte Sehnsucht und freute mich schon sehr auf unser Wiedersehen.

Ich hatte einen Direktflug nach Berlin-Schönefeld gebucht und anschließend sollte es nach Erfurt weiter gehen. Den langen Flug hatten wir beide gut überstanden. Als ich die Flughafenhalle in Erfurt betrat, erwarteten mich bereits mein Vater, meine Schwester und mein Schwager. Es war ein freudiges Wiedersehen mit meiner Familie, aber ich vermisste in diesem Augenblick schmerzlich meine Mutter, der ich gern mein Baby gezeigt hätte. Obwohl inzwischen zehn Monate vergangen waren, sah ich ihnen das Leid und die Trauer um unsere liebe Mutter noch an. Gut, dass das Baby in meinen Armen uns ablenkte und Freude aufkommen ließ.

Ich wohnte mit dem Kind im Haus meines Vaters. Ein kleines Metallbett, in dem ich bereits geschlafen hatte, stand für das Baby im Schlafzimmer bereit. Hinzu kam noch ein gebrauchter Kinderwagen, den mein Vater einer Nachbarin abgekauft hatte. Nun waren wir ausgestattet und konnten die angenehmen Sommertemperaturen mit Spaziergängen in der Natur genießen.

Während dieses zweimonatigen Aufenthaltes entwickelte sich unser Junge prächtig und bereitete mir und meinem Vater große Freude. Unser Besuch war für meinen Vater auch eine willkommene Abwechslung, denn er wohnte nun allein in diesem Haus.

Wie mir meine Schwester erzählte, beabsichtigte er demnächst wieder zu heiraten. Er wollte die Frau heiraten, zu der er vor vielen Jahren eine Beziehung gehabt hatte und aus der eine gemeinsame Tochter hervorgegangen war. Wir begrüßten es, dass sich unser Vater neu verheiraten wollte. Während meines Aufenthalts hatte ich die Gelegenheit, meine Halbschwester kennen zu lernen. Sie besuchte mich eines Tages ganz überraschend und brachte mir Erdbeeren aus ihrem Garten. Sie war damals siebzehn Jahre alt.

Im August kam auch mein Mann für einige Tage nach Vogelsberg, worüber sich mein Vater sehr freute. Doch unser Aufenthalt ging schon dem Ende zu und wir bereiteten uns auf die Rückreise vor. Wir verbrachten noch einige Tage in Berlin, bevor wir den Rückflug antraten.

Als wir in Bagdad eintrafen und die Gangway betraten, strömte uns eine Hitzewelle entgegen, obwohl wir uns schon im Monat September befanden. Ich musste mich erst wieder an das Klima hier gewöhnen.

Kurz nach unserer Rückkehr erhielten wir die traurige Nachricht vom Ableben eines Verwandten meines Mannes. So begaben wir uns zu der Trauerfeier, die im Haus der Familie stattfand. Jeder konnte daran teilnehmen, der den Verstorbenen kannte und ihm seine letzte Ehre erweisen wollte. Sieben Tage lang stand die Tür des Hauses offen.

Wir begrüßten die Familie und sprachen ihr unser Beileid aus, dann begaben wir uns in getrennte Räume. Ich ging zu den Frauen. Aus diesem Zimmer waren die Möbel entfernt worden, um Platz für die vielen Besucher zu schaffen. Anstelle von Stühlen waren Schaumstoffmatratzen entlang der Wände ausgelegt, hier saßen die Frauen mit untergeschlagenen Beinen. Ich war etwas verunsichert und setzte mich zu ihnen. Die Frauen trugen außer ihrer Abaya zum Zeichen der Trauer noch ein schwarzes Stirnband. Wir hörten, wie der Mullah im Zimmer der Männer eine Sure aus dem

Koran vorlas. Die Frauen begannen dann ihren Oberkörper ständig zu bewegen und schlugen sich leicht mit den Händen auf den Kopf, die Brust und auf ihre Oberschenkel. Obwohl einige nicht mit der Familie verwandt waren, jammerten und weinten sie so laut um den Verstorbenen, als wäre es ihr eigener Sohn. Sie waren so emotional und zeigten so offen ihre Gefühle, dass ich bei einigen Frauen den Eindruck hatte, es sei vielleicht auch ein wenig Theater dabei.

Die junge Frau des Verstorbenen tat mir sehr Leid und ich hatte Tränen in den Augen, aber ich konnte nur damit mein Beileid ausdrücken, denn es fehlte mir noch an einfühlsamen Worten in der arabischen Sprache.

Dann wurde schwarzer Tee gereicht und ein Teil der Frauen verließ den Raum, während neue Trauergäste kamen und ihren Platz einnahmen. Es war ein ständiges Kommen und Gehen. Wir verabschiedeten uns auch und man bat uns, doch zum Essen zu bleiben. Während der Trauerwoche bietet die Familie jeden Abend zu später Stunde den anwesenden Trauergästen ein warmes Essen an. Auch für die Armen wird sieben Tage lang eine warme Mahlzeit gekocht.

Als ich mich mit meinem Mann über die erlebte Trauerfeier unterhielt, erzählte er mir, dass unter den Frauen so genannte „Klageweiber" waren, die durch ihre Gebärden und ihre Lobreden über den Verstorbenen versuchten, die Trauernden noch mehr zum Weinen anzuregen. Die Klageweiber werden extra zu Trauerfeiern eingeladen und erhalten dafür Geld und ein warmes Essen.

Während die Frauen im Irak ein Jahr lang schwarze Kleidung tragen, bekunden die Männer ihre Trauer, indem sie sich eine Woche oder vierzig Tage lang nicht rasieren. Außer der üblichen Trauerfeier, wie ich sie erlebt hatte, finden auch Trauerfeiern in Moscheen statt, an denen nur Männern teilzunehmen erlaubt ist.

Nach vierzig Tagen und auch ein Jahr nach dem Todestag findet noch einmal eine Feier statt. Erst nach Ablauf dieser Trauerzeit kann die Familie die üblichen Feste wieder feiern.

Im Islam ist nur die Erdbestattung vorgesehen. Eine Feuerbestattung, wie sie bei uns üblich ist, würde sich gegen den Glauben richten.

Mitte September begann das neue Semester an der Universität und ich freute mich darauf, das Sprachstudium fortzusetzen. Das Kindermädchen hatte auch zugesagt, an den Nachmittagen bei unserem Sohn zu bleiben. So konnte ich unbeschwert zu meinem Unterricht gehen.

Eines Tages wurde ich von einem plötzlich aufkommenden Sandsturm überrascht. Die Sandwolken schwebten wie ein dichter Nebel über der Stadt und ließen den Himmel gelb erscheinen. Manchmal kann er auch rot sein, das hängt von der Richtung ab, aus welcher der Sandsturm kommt. Denn westlich von Bagdad liegt die syrische und südlich die arabische Wüste.

Obwohl wir alle Fenster und Türen verschlossen hielten, drang der Staub, so fein wie Mehl, überall ein und legte sich auf alles nieder. Erst einige Tage, nachdem er sich gelegt hatte, konnte mit der großen Reinigungsaktion im und außerhalb des Hauses begonnen werden.

Es war Ende Oktober und in diesem Monat hält der Herbst hier seinen Einzug. Die ersten Wolken waren schon am Himmel zu sehen und bald konnte man wieder mit dem lang ersehnten Regen rechnen, denn die Erde war wegen der fehlenden Niederschläge sehr ausgedörrt.

Man freute sich schon richtig auf den kommenden Regen und stellte sich vor, wie er so niederprasselt, die Blätter der Bäume vom Staub befreit und wie die ausgetrocknete Erde das Wasser binnen kurzer Zeit wie ein Schwamm aufsaugt. Der Geruch nach Lehm breitet sich aus und die Natur beginnt sich wieder zu regenerieren.

In den Räumen der Häuser begann es schon langsam kühler zu werden, denn ihre Fußböden sind alle gefliest. Die Familien legten ihre Teppiche wieder aus, die sie während der Sommermonate eingemottet hatten. Frost gibt es in Bagdad nicht, aber die Tagestemperaturen sinken im Dezember bis auf etwa sechs Grad Celsius ab. Eine Heizung ist bei dieser Witterung sehr wichtig. In fast allen Haushalten ist das kleine Petroleumöfchen, Aladin genannt, anzutreffen. Etwas moderner sind Gasheizung und Ölradiator.

Die Reisezeit war nun vorüber und so trafen wir uns regelmäßig mit unserem Freundeskreis. Er bestand vorwiegend aus Freunden meines Mannes, die auch in Deutschland studiert und deutsche Frauen geheiratet hatten. An den Wochenenden oder zu besonderen Anlässen trafen wir uns und verbrachten die Abende zusammen. Wir deutschen Frauen unterhielten uns und tauschten deutschsprachige Bücher und Zeitschriften aus. Bei den Besuchen wurden die Kinder stets mitgebracht und so ging es manchmal bis spät in die Nacht hinein recht turbulent zu.

Das gesellschaftliche Leben bestand vorwiegend aus gegenseitigen Einladungen. Aber es kam auch vor, dass Gäste mit einer Anzahl Kinder am späten Nachmittag unangemeldet vor der Tür standen, um „Hallo" zu sagen. Natürlich war man auf solche Situationen stets vorbereitet. Eine gewisse Menge an Kebab, Kalbsschnitzel und anderen irakischen Spezialitäten hatte ich immer gefroren in unserer großen Tiefkühltruhe parat.

Außer den Einladungen gab es auch in Bagdad ein kulturelles Leben wie in jeder anderen Großstadt. Es gab Theater, in denen Schauspiele gezeigt wurden, die das Leben der Gesellschaft widerspiegelten, und es gab viele Kinos, von denen einige wie Opernhäuser ausgestattet waren. Mein Mann nahm mich des Öfteren zu Theatervorführungen mit, aber leider verstand ich nicht alles, denn meine arabischen Sprachkenntnisse waren noch nicht so gut.

Natürlich gab es auch Nachtbars, wo man sich amüsieren konnte, jedoch trafen sich hier nur die Männer. Hier wurde Alkohol angeboten und für Unterhaltung sorgten Musik, Gesang und Bauchtänzerinnen. Während des Fastenmonats Ramadan waren alle Nachtlokale geschlossen.

In diesem Jahr fiel der Ramadan in die Winterzeit. „Ramadan" ist die Bezeichnung des neunten Monats im arabischen Mondjahr. In den islamischen Ländern werden die Monate nach Monden berechnet. Da das Mondjahr elf Tage kürzer als unser Sonnenjahr ist, kann durch die zeitliche Verschiebung der „Ramadan" einmal im Winter oder im Sommer stattfinden. Das Fasten ist eine der fünf Säulen des Islams und gilt als feierliche Buße für begangene Sünden.

Sobald der heilige Monat Ramadan naht, halten die Geistlichen in den arabischen Ländern nachts Ausschau, um die dünne Mondsichel zu erblicken. Wird sie gesichtet, verkünden ein Geistlicher und der Staat den Beginn des Fastenmonats. Viele moslemische Familien halten die Fastenzeit ein, mit Ausnahme der Kinder. Außer ihnen sind nur einige, wie Kranke und Reisende, vom Fasten befreit, heißt es im Koran. Sie können jedoch zu einem späteren Zeitpunkt das Fasten nachholen oder stattdessen Speisen an die Bedürftigen verteilen.

Während der Fastenzeit darf vom Sonnenaufgang bis zum -untergang nicht gegessen, getrunken und geraucht werden, auch der Geschlechtsverkehr ist in dieser Zeit untersagt. Während des Ramadans ist ein Teil der Läden in der Stadt tagsüber geschlossen, sie öffnen erst in den Abendstunden. Auch die Restaurants und Cafés erwarten ihre Gäste erst nach Sonnenuntergang.

Jeden Tag ruft der Muezzin pünktlich zu Beginn des Sonnenuntergangs die Gläubigen zum Gebet in der Moschee auf. Gleichzeitig verkünden drei Kanonenschüsse das Ende des Fastentages. Danach kann bis zum nächsten Tag, kurz vor Sonnenaufgang, gegessen und getrunken werden. Die Familien bereiten zum Ramadan ein sehr reichhaltiges Abendessen vor, denn es wird in der Nacht des Öfteren und besonders viel gegessen.

Wir haben nicht gefastet, aber die Familie meines Schwagers hielt den Ramadan ein, und so lud sie uns im Fastenmonat zum Essen ein. Schon am Nachmittag begann meine Schwägerin mit der Vorbereitung der Speisen, denn sie mussten pünktlich, das heißt bis zum Gebetsaufruf durch den Muezzin, fertig sein.

Wir begannen mit einer speziellen Suppe und danach folgten verschiedene Gerichte, die vorzüglich schmeckten. Nachdem wir Tee getrunken hatten, begaben wir uns nach Hause. Unser Weg führte durch das Stadtzentrum. Obwohl es schon spät war, waren die Straßen mit ihren Kaffeehäusern noch sehr belebt. Die fliegenden Händler mit ihren fahrbaren Untersätzen machten noch ihre Geschäfte mit Süßigkeiten und Obst, während andere Gegrilltes vom Hammel anboten. Außer dem Fleisch und der Leber werden auch die Hoden des Hammels auf dem Holzkohlefeuer gegrillt. Hier drängten sich besonders viele Leute.

Nach dreißig Tagen Fasten hielten die Geistlichen am Abendhimmel Ausschau, um die Sichel des Neumonds zu erblicken. Wird sie gesehen, so endet die Fastenzeit und der Beginn des dreitägigen Festes Al-Fitr wird verkündet.

Nun konnte wieder normal gegessen und getrunken werden. Die Familien hatten sich schon auf das Fest eingestellt und mit den Vorbereitungen begonnen. Auf dem Markt wurden Pralinen, Baklava und Obst gekauft, während die Frauen zu Hause Kuchen und Kletsche backten. Kletsche ist ein Gebäck aus ungesüßtem Mürbeteig, das mit Datteln, Sesam oder Walnüssen gefüllt ist.

Es wurden viele Gäste zum Fest erwartet, nicht nur Familienmitglieder kamen vorbei, sondern auch Freunde und Nachbarn, die ihre Glückwünsche zum Fest überbrachten. Sie blieben gewöhnlich nur für eine kurze Zeit zum Mokka oder zum Tee. Besonders freuten sich die Kinder auf dieses Fest, denn sie wurden neu eingekleidet und bekamen von ihren Verwandten ein wenig Geld geschenkt.

Nachdem drei Monate vergangen waren, begannen sich viele Moslems für die Pilgerfahrt nach Mekka vorzubereiten. Im Monat „Dhu'l-Hiddscha" des arabischen Mondjahres beginnt jeweils die Mekkareise.

Einmal im Leben sollte ein Gläubiger zusammen mit anderen Moslems diese Reise nach Mekka antreten, heißt es im Koran. Während damals die Pilger dreißig Tage und mehr in einer Karawane unterwegs waren, erreicht man das Ziel heutzutage mit dem Flugzeug schon in wenigen Stunden. Millionen Gläubige aus aller Welt pilgern ungeachtet ihrer moslemischen Glaubensrichtung in diesem Monat nach Mekka.

Bevor die Pilger den heiligen Bezirk „Haram“ in Mekka erreichen, reinigen sie sich und tragen ein spezielles weißes Gewand. Nun beginnen für sie die Rituale. Zunächst umrunden sie siebenmal die Kaaba, um Gott zu ehren. Die Kaaba ist ein würfelförmiges Gebäude, in dem sich ein schwarzer Meteor befindet. Dabei sprechen sie Gebete, berühren und küssen die Kaaba. Danach werden die Pilger zu dem Berg Arafat gebracht, auch „Berg der Gnade“ genannt, auf dem sie eine gewisse Zeit verweilen. Ein weiteres Ritual ist das Werfen von sieben Steinen auf einen bestimmten Steinhaufen im Tal von Mina bei Mekka. Mit dieser Handlung soll der Teufel vertrieben werden. Und im letzten Ritual opfert jeder Pilger ein Schaf, dessen Fleisch an die Armen verteilt wird. Danach ist er geweiht und seine Sünden sind vergeben.

Der Pilger, der Mekka besucht hat, trägt den Titel „Hadsch“ und die Pilgerin „Hadschieh“, mit denen sie zusätzlich zu ihrem Namen angeredet werden. Natürlich können Moslems auch zu einer anderen Zeit Mekka besuchen. Diese Reise wird dann als „kleine

Wallfahrt“ bezeichnet, da nicht alle Rituale durchgeführt werden, und ihre Pilger werden mit „Umra“ angeredet.

Während der Pilgerzeit findet das dreitägige Opferfest „Ied-Al-Adha“ statt. Nicht nur die Pilger, sondern alle Moslems begehen dieses Fest. Ähnlich wie zum Fest Al-Fitr bereiten die Familien das Opferfest vor.

Wer von seiner Pilgerreise nach Mekka zurückkehrt, wird von seiner Familie mit einem geopferten Lamm empfangen, das sie gemeinsam verzehren oder an die Armen verteilen. Viele Besucher kommen und beglückwünschen den heimgekehrten Mekkapilger, sie überreichen ihm Geschenke in Form von Naturalien, wie beispielsweise einen Sack Reis oder Zucker, einen Kanister Fett oder auch Kleidungsstücke. Die Geschenke sind als eine Unterstützung zu betrachten, denn viele Pilger haben sich diese Reise mühsam erspart.

Es ist auch Tradition, dass der Pilger kleine Geschenke aus Mekka für Verwandte und Bekannte mitbringt. Nicht jeder kann sich diese Reise jedoch aus gesundheitlichen oder finanziellen Gründen leisten, deshalb werden die Gläubigen von der Verpflichtung, nach Mekka zu pilgern, befreit. Sie können stattdessen, falls sie dazu in der Lage sind, den Armen Almosen spenden.

Unser Sohn wurde Ende Dezember ein Jahr alt und wir feierten seinen ersten Geburtstag bei uns zu Hause. Der Geburtstag war eine Gelegenheit, sich mit unseren Verwandten und Freunden zu treffen und miteinander zu plaudern. Ganz nach deutscher Tradition begannen wir mit Kaffee und selbstgebackenem Kuchen. Zum Abendbrot ließen wir uns aus einem Restaurant ein „Quzie“ kommen. Das ist ein gebratenes Lamm, gefüllt mit Reis, Rosinen und Mandeln, das besonders zu Festlichkeiten gegessen wird. Auf einem großen Tablett wurde uns das Lamm serviert und jeder bediente sich selbst bei der Auswahl des Fleisches. Es war ein schöner Abend, an dem nicht nur wir Erwachsenen, sondern auch die Kinder ihren Spaß hatten. Während das Geburtstagskind schon schlief, spielten die größeren Kinder noch Fangen und Verstecken, bis sie schließlich auch müde wurden und die Eltern dann gezwungen waren, aufzubrechen.

In dieser Zeit wusste ich, dass ich wieder schwanger war und wir rechneten mit der Geburt des Kindes Ende Juni. Zur selben Zeit endete auch mein dreijähriges Sprachstudium. Bis zum neunten Monat hatte ich so an Umfang zugenommen, dass ich Probleme beim Sitzen in der engen Schulbank hatte. Es war nicht leicht, sich in diesem Zustand und bei dieser Hitze auf die Abschlussprüfungen zu konzentrieren, die Anfang Juni begonnen hatten. Trotz allem habe ich die Prüfungen mit einem guten Ergebnis abgeschlossen und Ende Juni wurde, wie geplant, unsere Tochter geboren, die wir Yasmin nannten. Wir freuten uns besonders, dass es ein Mädchen war.

Anfangs hatte ich Schwierigkeiten, beide Kleinkinder zu versorgen, und hinzu kam noch die tägliche Hausarbeit. Deshalb stellten wir für eine gewisse Zeit ein junges Mädchen bei uns ein, das mich unterstützte. Sie war Christin und wohnte bei uns, nur das Wochenende verbrachte sie im Hause ihrer Eltern.

Die beiden Kinder wuchsen heran und bereiteten uns viel Freude. Ein drittes Kind wäre zu viel gewesen und so dachten wir an eine Familienplanung. Die meisten irakischen Familien waren kinderreich, sie hatten im Durchschnitt vier bis fünf Kinder. Obwohl es Verhütungsmittel gab, wurden sie kaum genutzt, denn eine Schwangerschaft war ein Geschenk Gottes. Aus diesem Grunde war eine Abtreibung im Irak gesetzlich verboten. Einige Ärzte hielten sich aber nicht an das Verbot und halfen gegen Bezahlung den Frauen, die eine Abtreibung wünschten.

Unser Hund Tommy war inzwischen groß geworden. Tagsüber hielt er sich in seinem großen Gehege auf, während er nachts freien Auslauf im Garten hatte. Es kam jedoch in letzter Zeit öfters vor, dass unser Hund nachts über die Gartentür sprang und sich streunenden Hunden anschloss, die sich aus der Mülltonne ernährten. Manchmal stand er erst nach zwei Tagen wieder vor unserer Tür. Sein weißes Fell war dann so schmutzig und wir hatten Angst, dass er sich bei anderen Hunden infizieren könnte. So beschlossen wir, ihn mit auf die Hühnerfarm des Bruders zu nehmen. Als Kadhim den Hund zum Auto brachte, empfand ich großes Mitleid, denn ich hatte ihn mit viel Liebe aufgezogen.

Im Sommer des Jahres 1974 standen wir wie die übrigen Einwohner Bagdads nachts große Ängste aus. Wie ich bereits geschildert habe, schläft ja ein großer Teil der Bevölkerung wegen der warmen Sommernächte auf dem Dach. Aber in diesem Sommer vermieden es die Einwohner Bagdads, dort zu schlafen, denn es ging das Gerücht um, dass im Stadtbezirk Mansur einige Familien ermordet worden seien. Die Nachricht verbreitete sich wie ein Lauffeuer in der Stadt. Die Art, wie der Mörder die Menschen umgebracht und ausgeraubt hatte, versetzte alle in Angst und Schrecken. Es war kein Einzelfall, denn der Täter verübte diese bestialischen Morde in gleicher Weise auch in anderen Stadtbezirken. Es hieß, er käme jeweils nachts, wenn die Leute im Tiefschlaf waren, und bestiege das Dach. Dort hinaufzugelangen, ist eine Leichtigkeit, denn die Häuser sind gewöhnlich nicht sehr hoch gebaut. Dort überfiel der Mörder die Schlafenden, tötete und zerstückelte sie mit einem Beil, dann raubte er ihre Wertsachen und trank danach in aller Ruhe ihren Whisky aus dem Kühlschrank.

Es brach Panik unter der Bevölkerung aus, denn man wusste nicht, wo er wieder zuschlagen würde. Wie unsere Bekannten trauten auch wir uns abends nicht mehr das Haus zu verlassen, geschweige denn auf dem Dach zu schlafen. Wer eine Pistole hatte, legte sie griffbereit unter das Kopfkissen. Jede Nacht musste abwechselnd ein Mitglied der Familie Wache halten. Es war eine furchtbare Zeit und wir hofften inständig, dass der Täter bald gefasst würde. Endlich kam die Nachricht im Fernsehen, der Mörder sei ergriffen worden. Er wurde ohne Prozess erhängt.

Nun konnte die Bevölkerung wieder aufatmen, ruhig schlafen und ihren alten Gewohnheiten nachgehen.

In den Medien ließ man zwar verlauten, dass es sich „nur" um Raubmorde gehandelt habe, die ein ehemaliger Offizier begangen habe. Doch es wurde viel darüber spekuliert und die Menschen stellten sich die Frage, ob die vielen Morde vielleicht einen politischen Hintergrund gehabt hatten und organisiert wurden? Eine offizielle Antwort darauf gab es nicht.

Im Irak war ein ständiger Wechsel in der Innenpolitik der Baath-Partei zu beobachten. Im Jahr 1969 hatte die Baath-Partei viele Anhänger demokratischer und linksgerichteter Organisationen sowie Nationalisten verhaften und aufhängen lassen. Die Welle der Verhaftungen zog sich bis zum Jahr 1971 hin. Erst in den Jahren 1973/74 schien sich das politische Klima wieder zu entspannen. Die Regierungspartei begann nun mit der Kommunistischen Partei zusammenzuarbeiten und übergab der KPI zwei Ministerposten. Es handelte sich dabei um weniger einflussreiche Ministerien; es waren das Ministerium für Melioration (Be- und Entwässerung) und das Staatsministerium. Obwohl es eine Zusammenarbeit auf der Führungsebene gab, wurden weiterhin Mitglieder und Sympathisanten der KP sowie anderer politischer Organisationen verhaftet und gefoltert.

Unsere beiden Kinder waren nun aus dem Kleinkindalter heraus und ich konnte etwas aufatmen. Als sie zu sprechen begannen, lehrten wir sie beide Sprachen gleichzeitig. Mein Mann sprach Arabisch mit ihnen und ich Deutsch. Ich versuchte auch bestimmte Traditionen zu wahren und sie an die Kinder weiterzugeben, beispielsweise zu Ostern bunte Eier zu suchen oder das Weihnachtsfest mit einem geschmückten Tannenbaum zu feiern.

Es war Dezember und das Weihnachtsfest stand uns bevor. Ich wollte eine weihnachtliche Atmosphäre schaffen, wie ich es in Deutschland gewohnt war, mit einem geschmückten Christbaum und kleinen Geschenken darunter. In Bagdad findet man kaum Geschäfte, die weihnachtlich geschmückt sind. Auch durch die angenehmen Temperaturen kann man sich das Weihnachtsfest hier schwer vorstellen, denn wir verbinden Weihnachten jeweils mit Kälte und Schnee.

So kauften wir uns also einen künstlichen Weihnachtsbaum, den wir jedes Jahr verwenden konnten, und schmückten ihn mit bunten Kugeln, die ich aus der DDR mitgebracht hatte. Auch erhielten wir jedes Jahr, wenn das Fest nahte, von der Botschaft der DDR die Einladung zu einer Weihnachtsfeier, an der ich mit den Kindern gern teilnahm. Es war ein schöner Nachmittag bei Kaffee und Kuchen und mit kleinen Überraschungen für die Kinder. Außerdem bot sich dieses Treffen an, andere deutsche Frauen, die auch mit Irakern verheiratet waren, kennen zu lernen.

Als Samer vier Jahre alt war, hielten wir es für sinnvoll, ihm einen Kindergartenplatz zu suchen. Er sollte mit anderen Kindern zusammen sein und dadurch die arabische Sprache besser erlernen. Wir fanden einen Kindergarten, der unseren Sohn täglich mit dem Kleinbus abholte und wieder nach Hause brachte. Vielen irakischen Familien war es nicht möglich, das Geld für einen Kindergartenbesuch aufzubringen. Nur Reiche und Beamte konnten sich einen Kindergartenplatz leisten.

Unsere Tochter war zu dieser Zeit noch zu klein, deshalb blieb sie vorerst bei mir zu Hause. Später besuchte sie dann auch den Kindergarten und ab dem fünften Lebensjahr die staatliche Vorschule, die für alle Kinder Pflicht war. Der Besuch von staatlichen Schulen und Universitäten war im Irak kostenlos.

Nach der Revolution von 1958 war im Irak die allgemeine Schulpflicht eingeführt worden. Das heißt, alle Kinder mussten bis zur sechsten Klasse die Schule besuchen. Kostenlos erhielten sie Schulbücher und Schreibmaterialien. Jeder Schüler, der das Abitur erfolgreich geschafft hatte, konnte ein Studium an einer der Fachschulen oder Universitäten aufnehmen. Die Mädchen wählten die verschiedensten Fachrichtungen, aber besonders konzentrierten sie sich auf das Fach Pädagogik. Zu dieser Zeit lief eine Kampagne zur Bekämpfung des Analphabetentums, denn viele Erwachsene, besonders die Frauen, konnten nicht lesen und schreiben. Dazu wurden umfangreiche Programme erarbeitet, die auch erfolgreich umgesetzt wurden.

Mein Mann lehrte bereits seit mehreren Jahren an der Universität in Bagdad. Eines Tages wurde er von der Universität zum Hohen Rat der Landwirtschaft versetzt, wo er Mitglied dieses Rates wurde. Der Grund für die Versetzung war seine kritische Haltung, mit der er Einfluss auf die Studenten hatte. Von Seiten der Regierenden wurde diese Entwicklung jedoch weniger positiv gesehen, denn es gab bereits Anzeichen, die auf eine Wende in der Politik der Baath-Partei hindeuteten.

Im Hohen Rat der Landwirtschaft hatte mein Mann ein höheres Einkommen und so planten wir, ein eigenes Haus bauen zu lassen. Wir folgten dem arabischen Sprichwort, das besagt: „Jeder Mann sollte ein Haus bauen, einen Sohn zeugen und eine Dattelpalme pflanzen".

Wir haben versucht, das Sprichwort in die Tat umzusetzen. Die Regierung verkaufte damals an alle Absolventen einer Universität preiswertes Bauland. Mein Mann erhielt als Ökonom ein Stück Land im Ökonomenviertel, das in der Nähe des Flughafens lag. Daraufhin beauftragten wir im Jahre 1974 eine Baufirma, uns unter Anleitung einer befreundeten Architektin ein Haus zu bauen. Bereits im Frühjahr des Jahres 1975 war es fertig und wir zogen ein. Es war ein Flachbau und sehr großzügig gebaut. Die Inneneinrichtung des Hauses, die wir von einem Tischler anfertigen ließen, bestand größtenteils aus Teakholz.

Wir besaßen nun einen großen Garten. Ein Gärtner, mit dem wir eine Vereinbarung getroffen hatten, bepflanzte ihn mit mehreren Obstsorten wie Zitrusbäumen, Weinstöcken und vier verschiedenen Arten von Dattelpalmen. Außerdem zierten Rosensträucher die große Rasenfläche. Die Gärtner sind gewöhnlich Bauern, die sich der Gartenarbeit annehmen und mit den Bewohnern mehrerer Häuser eine mündliche Vereinbarung über die Pflege der Gärten treffen. So verdienen sie sich ihren monatlichen Unterhalt zum Leben.

Unser Haus wurde an ein spezielles Bewässerungssystem angeschlossen, sodass uns Flusswasser aus dem Tigris für die Gartenbewässerung zur Verfügung stand. Durch dieses Bewässerungssystem ist es möglich, während der langen Trockenperiode von Mai bis Oktober landwirtschaftliche Nutzflächen, Obstplantagen und Grünanlagen ausreichend mit Wasser zu versorgen.

Das neue Wohnviertel, in dem wir nun lebten, lag außerhalb des Zentrums. In dem Gebiet waren erst wenige Häuser errichtet worden und die Straßen waren noch unbefestigt. In den Sommermonaten besprühte man die Wege mit Rohöl, um eine feste Grundlage zu schaffen und gleichzeitig den Staub damit einzudämmen. Doch der Bauboom setzte auch hier nach kurzer Zeit ein und die Häuser schossen wie Pilze aus dem Boden. Erst danach begann man mit dem Asphaltieren der Straßen.

Eine Schule für die Kinder gab es in diesem Wohngebiet noch nicht und so meldeten wir unsere Kinder in einer Musterschule im nahe gelegenen Stadtteil Mansur an. Die Schulleiterin war die Ehefrau Saddam Husseins.

Mansur ist ein modernes Stadtviertel von Bagdad, in dem die überwiegende Zahl der Bevölkerung wohlhabend ist. Wir waren nun gezwungen, beide Kinder, zuerst unseren Sohn und ein Jahr später auch unsere Tochter, täglich mit dem Auto zur Schule zu bringen. Das sollte meine Aufgabe werden, da mein Mann dafür keine Zeit hatte. Ich besaß zwar eine deutsche Fahrerlaubnis, die ich im Jahre 1964 erworben hatte, jedoch hatte ich nach der Prüfung kein Auto gefahren. Wie mir Bekannte erzählten, wurde die deutsche Fahrerlaubnis hier nicht anerkannt. Ich benötigte also eine internationale Fahrerlaubnis und die bekam ich nur, indem ich eine Fahrprüfung ablegte. Daraufhin übte ich mit unserem neuen Mercedes auf einem Parkplatz, der ganz in unserer Nähe lag. Doch das nützte mir nicht viel, denn der Prüfer verlangte von mir, rückwärts eine Acht zu fahren. Bei dieser Übung fiel ein großer Teil der aufgestellten Plastikhüte, die den Weg markierten, um. Ich war durchgefallen und sollte die Prüfung drei Wochen später wiederholen. Für mich stand fest, dass ich das nie schaffen würde. Aber durch gute Beziehungen erhielt ich doch meine internationale Fahrerlaubnis.

Ein wenig aufgeregt reihte ich mich in den täglichen dichten Straßenverkehr ein und erreichte problemlos die Schule. Ich bemerkte, dass sich die Autofahrer im Straßenverkehr ziemlich chaotisch verhielten, aber es war erstaunlich, wie wenig Verkehrsunfälle passierten. Der Grund dafür war ihr rücksichtsvolles Fahren, denn sie rechneten stets mit den Fehlern anderer Verkehrsteilnehmer. Außerdem waren in Bagdad wenige Ampelanlagen vorhanden, dafür aber mehr Kreisverkehr, der sich günstiger auf den Verkehr auswirkte.

Im Stadtteil Mansur befand sich auch der Club der Ökonomen, in dem mein Mann stellvertretender Vorsitzender war. In Bagdad hatte jede Berufsgruppe, die Ärzte, Apotheker, Ingenieure und andere, ihren eigenen Verein. Die Mitglieder zahlten jährlich einen Beitrag und waren berechtigt, an allen Veranstaltungen des Vereins teilzunehmen.

Im Club der Ökonomen fanden neben kulturellen Veranstaltungen auch Konferenzen und Vorträge über wirtschaftliche Probleme des Landes statt, an denen auch Saddam Hussein teilnahm. Es kam oft vor, dass mein Mann zu bestimmten Entwicklungsfragen eine ande-

re Meinung als Hussein hatte und es zu interessanten Diskussionen kam, die live im Fernsehen übertragen wurden. Zu dieser Zeit war es teilweise noch möglich, eine andere Meinung als Saddam Hussein zu vertreten.

An den Wochenenden besuchten wir mit den Kindern öfters den Club, denn er besaß einen Swimmingpool und einen wunderschönen Garten. Im Sommer verbrachten die Familien mit ihren Kindern die Abende hier mit Bingospielen oder bei einer Freilicht-Filmveranstaltung. Natürlich war ein Besuch im Club jeweils mit einem Abendbrot verbunden, denn man konnte dem Duft nach gebratenem Fleisch, wie Schaschlik, Leber oder Kebab, nicht widerstehen. Dazu wurden frisches Fladenbrot und verschiedene Beilagen und Salate gereicht.

In Sommer 1977 reisten wir nicht in die DDR, da wir meinen Vater und seine neue Frau bei uns erwarteten. Wir hatten sie zu einem Besuch nach Irak eingeladen, woraufhin sie einen Antrag auf eine Besuchsreise stellten, der auch genehmigt wurde, da sich beide bereits im Rentenalter befanden. Über ihren angekündigten Besuch im November freuten wir uns sehr, denn wir konnten sie in unserem schönen neuen Haus empfangen. Unser Tischler hatte inzwischen noch einige Möbelstücke fertiggestellt, sodass das Haus nun komplett eingerichtet war. Auch würden die Temperaturen im November für sie angenehm sein, denn wir wollten einige Reisen mit ihnen unternehmen.

Es war für sie der erste Besuch in einem arabischen Land. Während ihres vierwöchigen Aufenthalts wollten sie die Familie Kadhims und ein wenig natürlich auch das Land kennen lernen. Wir besuchten zunächst Kadhims Bruder und seine Familie. Wir zeigten ihnen die Stadt Bagdad mit ihren Sehenswürdigkeiten und an einem Wochenende fuhren wir mit ihnen nach Kerbala, zu Kadhims beiden Schwestern. Ein weiteres Reiseziel war der Besuch der Stadt Samarra, die ungefähr achtzig Kilometer von Bagdad entfernt liegt. Ich hatte die Stadt und den berühmten Turm vor einigen Jahren schon besucht und glaubte, dass es auch für meinen Vater und seine Frau interessant sein würde, Reste von Bauwerken aus dem abbasidischen Reich zu besichtigen.

Aus der Geschichte geht hervor, dass der Kalif El-Mutasim im Jahre 836 n.Chr. für eine kurze Zeit die Hauptstadt des Landes von Bagdad nach Samarra verlegte. Dort ließ er seinen Palast errichten und der Kalif El-Mutawakkil ließ eine große Moschee erbauen. Sie war die größte Moschee des Landes und wurde Freitagsmoschee genannt. Außergewöhnlich war ihr Minarett, das im Jahre 847 n.Chr. erbaut wurde. Der Turm hat eine Höhe von fünfzig Metern und wurde in Form einer Spirale errichtet. Über eine Art offene Wendeltreppe gelangt man bis zur Spitze des Turms. Der Muezzin stieg damals fünfmal am Tag hinauf, um die Gläubigen zum Gebet zu rufen.

Mein Mann erzählte mir über diesen Turm eine alte Legende: Damals bestiegen Mädchen und Frauen, die Wünsche hegten, in ihrer Abaya die vielen Treppen des Turmes bis zur Spitze hinauf. Dort wollten sie herausfinden, ob ihre Wünsche in Erfüllung gehen würden. Zu diesem Zweck benötigten sie eine zweite Abaya, die sie mit sich trugen, um sie von oben herabzuwerfen. Wie die Abaya unten aufkam, war von größter Bedeutung, denn dadurch glaubten sie erfahren zu können, ob sich ihre Wünsche erfüllen würden. Kam nun die Abaya ausgebreitet auf der Erde an, dann ging ihr Wunsch in Erfüllung, traf sie jedoch zusammengeballt auf, war dies das Zeichen für die Unerfüllbarkeit des Wunsches.

Mit ein wenig Mühe erklommen wir die Spitze des Turms und wurden von der schönen Aussicht auf die Mauerreste der alten Freitagsmoschee und auf die in der Nähe liegende Stadt Samarra mit ihrer Goldenen Moschee und dem Grabmal des letzten schiitischen Imams Mahdi, belohnt. Nach dem Abstieg, der wesentlich leichter war, unternahmen wir mit dem Auto eine Stadtrundfahrt durch Samarra. Wir sahen die Moschee mit der goldenen Kuppel und den beiden goldbedeckten Minaretten und das Grabmal des Imams Mahdi, das sich in unmittelbarer Nähe befand.

Damals, im 9. Jahrhundert n.Chr., heißt es, sei der Imam Mahdi spurlos verschwunden. Seit dieser Zeit glauben die Schiiten, dass er eines Tages zurückkehren wird.

Wir verließen dann die Stadt und suchten uns einen schattigen Platz unter Palmen. Dort legten wir eine kleine Rast ein, bevor wir die Rückreise antraten.

Das Wochenende war vorüber und für Kadhim begann eine neue Arbeitswoche und für die Kinder wieder die Schule. Mein Vater und seine Frau konnten sich in dieser Zeit in unserem Garten von den Strapazen der Reise erholen.

Wir planten, an dem kommenden Wochenende mit ihnen eine weitere Reise nach Babylon zu unternehmen. Die Ruinenstätte liegt südlich von Bagdad, sie ist etwa 85 Kilometer entfernt. Unsere Reise führte auch an kleinen Dörfern vorbei. Am Ufer eines kleinen Flusses sahen wir einige Frauen, die im Flusswasser ihre Wäsche und ihr Geschirr reinigten.

Wir erreichten dann Babylon, wo sich die „Hängenden Gärten der Semiramis“, sie gehören zu den sieben Weltwundern, und der Turm zu „Babel“ befunden haben. Im 19. Jahrhundert haben hier ausländische Archäologen umfangreiche Ausgrabungen durchgeführt und die Funde in ihre eigenen Heimatländer transportiert. So kann man heute in Museen in Deutschland, Frankreich, England und Amerika die Originale der Kulturschätze bewundern, während im Irak nur Kopien zu sehen sind. Es wäre doch gerecht und an der Zeit, die Schätze dem jeweiligen Land zurückzugeben.

Mein Mann kannte sich in der alten Geschichte gut aus und erzählte uns einiges über Babylonien, den ältesten und reichsten Staat im Zweistromland zwischen Euphrat und Tigris, das sich damals, in der Zeit um 2000 v. Chr., zur Hauptstadt des Babylonischen Reiches entwickelte. Unter dem König Hammurabi erlebte Babylon den Höhepunkt seiner Entwicklung in Kultur und Wirtschaft.

Bevor wir die Ruinenstätte betraten, besuchten wir das kleine Museum. Hier befand sich auf einer sehr großen schwarzen Basaltsäule das älteste geschriebene Gesetzbuch von Hammurabi in Keilschrift. Er verfasste 282 Gesetze, die das Bewässerungsnetz, den Verwaltungsapparat sowie das Straf-, Zivil- und Handelsrecht betrafen. Die Säule war jedoch nur eine Kopie, denn das Original befindet sich im Louvre in Paris. Außerdem waren viele interessante Ausgrabungsstücke aus der babylonischen Zeit, darunter wunderschöne Schalen, Vasen, herrlicher Schmuck, viele Tontafeln und Rollsiegel zu sehen.

Nun begaben wir uns zum Ischtar-Tor, das der Göttin der Liebe und Fruchtbarkeit gewidmet war. Das Tor war der Eingang zu den Tempeln. Im Pergamon-Museum in Berlin kann man das Original des Ischtar-Tores bewundern. Es ist mit wunderschönen blau-, gelb- und weißglasierten Ziegeln geschmückt, auf denen reliefartig schreitende Stiere und Schlangendrachen dargestellt sind.

Es war interessant, noch einen Teil der Prozessionsstraße im Originalzustand sehen zu können. Die Straße bestand aus gebrannten Ziegelsteinen, die mit Asphaltmörtel verbunden waren. Asphalt war damals schon in großen Mengen in der Natur vorhanden.

Von dem berühmten Turm zu Babel, dem Tor Gottes, das eine Höhe von neunzig Metern hatte, war nichts mehr übrig geblieben. Selbst die Ziegelsteine, die bei Ausgrabungen gefunden wurden, haben die umliegenden Bewohner damals für ihren Hausbau verwendet. Man erzählt, dass der Turm so hoch gebaut wurde, damit die Menschen den Göttern näher kamen.

Zum Schluss besuchten wir das Wahrzeichen von Babylon, den steinernen Löwen, der aus einem mächtigen Basaltstein gemeißelt war.

Anschließend nahmen wir den Weg in Richtung Hilleh. Unterwegs erblickten wir große Flächen, die mit einer weißen Schicht bedeckt waren; es war Salz. Durch den hohen Grundwasserspiegel hatte sich das Salz an der Oberfläche abgesetzt. Durch einen längeren Prozess der Be- und Entwässerung ist es möglich, die Erde von dem Salz zu befreien und wieder fruchtbar zu machen.

Auf diesem Boden wuchsen nur Disteln. Die Frauen und Mädchen der umliegenden Dörfer sammelten und bündelten sie und transportierten sie auf ihrem Kopf nach Hause. Die Dorfbewohner verwenden die Disteln, hinzu kommen noch getrocknete Kuhfladen, als Brennmaterial für ihre Lehmöfen, in denen sie täglich ihre Gerstenfladenbrote backen.

Wir erreichten nun die Stadt Hilleh. Hier fließt der Euphrat entlang, mit dessen Wasser die Felder und Gärten bewässert werden. Wir wollten uns das Wasser-Schöpfrad ansehen, das noch durch die Kraft eines Pferdes angetrieben wurde. Schon von weitem erblickten wir ein großes, sich langsam bewegendes Wasserrad. Ein Pferd mit Scheuklappen vor den Augen lief ständig im Kreise und setzte so das knarrende Rad hölzerne in Bewegung. Die daran befestigten Gefäße transportierten das Flusswasser nach oben, das hier durch schmale Gräben zu den Gärten und Feldern geleitet wurde. Es waren nur noch wenige Schöpfräder dieser Art in Betrieb, im Allgemeinen werden elektrische Wasserpumpen für die Bewässerung landwirtschaftlicher Flächen verwendet.

Die Stadt Hilleh war auch durch ihre Töpferwaren sehr bekannt. Farbige Schalen, bunte Vasen und Krüge wurden den Besuchern auf der Straße zum Kauf angeboten. Wir wählten eine schöne Vase für meinen Vater und seine Frau aus, die sie als Erinnerungsstück mit in die DDR nahmen.

Der Aufenthalt meines Vaters und seiner Frau ging langsam dem Ende entgegen und sie bereiteten sich auf die Heimreise vor. Wir merkten schon, dass sich beide nach ihrer alten Umgebung, nach ihren Freunden und Nachbarn sehnten, mit denen sie vertraut waren und ihre täglichen Gespräche führten. Wir sprachen zwar zu Hause nur Deutsch, aber für ältere Leute ist es nicht leicht, einen Monat in einem fremden Land zu verbringen, dessen Sprache sie nicht verstehen. Wir hatten ihnen während ihres Aufenthaltes ein abwechslungsreiches Programm zusammengestellt, sodass sie Kadhims Familie, das Land und die Kultur kennen lernen konnten und dabei Interessantes und Schönes, aber auch Armut und Rückständigkeit des Landes sahen.

Es war ein Donnerstag, der letzte Arbeitstag in der Woche, als wir meinen Vater und seine Frau zum Flughafen begleiteten, der ganz in unserer Nähe lag. Die Straßen Bagdads sind an diesem Abend besonders belebt. Gewöhnlich finden an den Donnerstagabenden Einladungen zu Festlichkeiten statt, denn der Freitag ist der Feiertag der Moslems. Oft sah ich auch geschmückte Autokorsos die Straße entlangfahren, die durch ein Hupkonzert die Aufmerksamkeit der Passanten auf sich lenkten. Dann wurde eine Hochzeit gefeiert. Das Brautpaar im offenen Wagen schien sehr glücklich zu sein, aber ob sie sich später gut verstehen würden, das war ungewiss.

Im Irak und in den anderen arabischen Ländern ist es noch heute weit verbreitet, dass die Eltern des Sohnes ihre Schwiegertochter auswählen. Besonders einige arabische Länder mit niedrigem Entwicklungsniveau halten an den alten Traditionen fest, jedoch auch hier lösen sich Bevölkerungskreise mit höherem Lebensstandard zum Teil davon. So versuchen viele Intellektuelle, Beamte und Studenten diese alte Tradition zu brechen, indem sie ihre zukünftige Frau selbst auswählen, vorausgesetzt, die Eltern sind mit der Wahl einverstanden. Heitratsfähige Mädchen jedoch haben generell kein Recht, ihren Bräutigam selbst auszuwählen, die Eltern übernehmen diese Aufgabe.

Schon frühzeitig beginnen die Eltern ihre Töchter so zu erziehen, dass ein Geschlechtsverkehr vor der Ehe für sie tabu ist. Besonders die Mütter wachen darüber, dass ihre Töchter unberührt in die Ehe gehen. Es war jetzt noch Brauch und Sitte, dass die Mutter des Bräutigams sich in der Hochzeitsnacht das blutbefleckte Laken zeigen ließ. Sollte sich in der Hochzeitsnacht herausstellen, dass die Braut bereits entjungfert war, verstößt der Ehemann sie. In der Regel erhält dann ein Mitglied ihrer Familie den Auftrag, die junge Braut zu ermorden. Bei diesen Morden findet zwar ein gerichtliches Verfahren statt, aber es kommt zu keiner Verurteilung, weil durch diesen Mord die Ehre der Familie wiederhergestellt wurde.

Im Koran heißt es, dass ein Mann bis zu vier Frauen heiraten darf, wenn er sie alle vier gleich und gerecht behandelt. Glaubt der Mann nicht, gerecht handeln zu können, so darf er nur eine Frau heiraten. Er kann sich jedoch zusätzlich Sklavinnen (Haremsdamen) erwerben. Durch die Revolution von 1958 war es im Irak gesetzlich verboten, vier Frauen zu heiraten. Die Stammesoberhäupter hielten sich jedoch weniger an das Verbot.

Nach dem Irak-Iran-Krieg setzte die Baath-Partei das Gesetz von 1958 außer Kraft und erlaubte die Vielehe wieder. Für viele Männer ist es aber eine finanzielle Frage, ob sie sich aufgrund der hohen Lebensansprüche noch eine weitere Frau leisten können.

In den arabischen Ländern hat der Mann die finanziellen Mittel für eine Heirat aufzubringen. Deshalb beginnen schon frühzeitig die Eltern des Sohnes, Geld für die Hochzeit zur Seite zu legen. Sobald der Sohn im heiratsfähigen Alter ist, halten sie Ausschau nach einem passenden Mädchen in der Verwandtschaft, bei Nachbarn, Freunden und Bekannten. Haben sie endlich ein Mädchen gefunden, das ihren Vorstellungen entspricht, wird näherer Kontakt zu dessen Eltern aufgenommen. Sollte diese Familie mehrere Töchter haben, so ist es Tradition, zunächst die Älteste zu verheiraten. Die Eltern des Mädchens treffen allein die Entscheidung. Entweder sie lehnen den jungen Mann ab oder sie geben ihr Einverständnis zur Heirat, wobei es dann zu einem weiteren Treffen kommt, bei dem über die Höhe des Brautpreises gesprochen wird, der von den Eltern des Mädchens vorgeschlagen wird. Er kann sehr variabel sein; verschiedene Faktoren wie die, ob das Mädchen aus einer wohlhabenden Familie kommt oder ob es ein abgeschlossenes Studium hat, spielen dabei eine wichtige Rolle und erhöhen den Brautpreis.

Sobald sich beide Familien auf die Höhe des Geldbetrages geeinigt haben, wird der Heiratsvertrag schriftlich fixiert. Der angehende Bräutigam, besser gesagt seine Familie, hat vor der Hochzeit das Brautgeld an die Eltern des Mädchens zu zahlen. Ein Teil davon wird für die Vorbereitung der Hochzeitsfeier, die stets im Elternhaus des Mädchens stattfindet, verwendet. Ein weiterer Teil wird für die Hochzeitsausstattung, neue Bekleidung und wertvollen Goldschmuck für die Braut ausgegeben. Der Schmuck ist ihr persönliches Eigentum und ist für eine eventuelle Notlage gedacht. Der größte Teil des Geldes wird für die Einrichtung des gemeinsamen Hauses verwendet.

In dem Heiratsvertrag wird – wie bei unserer Heirat seinerzeit in Prag – auch der „Ghaib“ festgelegt, jener Geldbetrag, den der Ehemann bei einer eventuellen Scheidung an seine Ehefrau zu zahlen hat. Die Höhe des Betrages legt der Ehemann fest.

In den arabischen Ländern ist die Scheidungsrate gegenüber Europa sehr niedrig. Obwohl das mohammedanische Scheidungsrecht es dem Mann sehr leicht macht, sich von seiner Frau zu trennen, stößt die Frau, die wenig Rechte besitzt, bei einer Trennung von ihrem Ehemann auf große Schwierigkeiten.

Mein Mann erzählte mir, wie leicht es für den Ehemann auf dem Dorf war und jetzt noch ist, sich von seiner Ehefrau zu trennen. Beispielsweise brauchte der Ehemann nur dreimal zu ihr zu sagen „du bist geschieden“, und die Ehe war beendet. Manchmal befand sich der Ehemann so in Rage, dass er diesen bewussten Satz unüberlegt dreimal aussprach, es aber dann bereute.

Dieser einfachen Scheidungsmethode wurde durch die „Scharia“, die islamische Gesetzgebung, ein Riegel vorgeschoben. Hier wurde festgelegt, dass eine Wiederheirat der Exfrau nur dann möglich ist, wenn sie eine neue Ehe eingegangen ist und von ihrem neuen Ehemann wieder geschieden wurde.

Viele Männer, die ihre Exfrau möglichst bald wieder heiraten wollten, bedienten sich hierbei einer besonderen List. Sie baten einen Bekannten, mit ihrer Exfrau eine Scheinehe einzugehen und sich nach kurzer Zeit wieder von ihr scheiden zu lassen.

Bei einer Scheidung kehren die geschiedenen Ehefrauen in ihr Elternhaus zurück. Die Frau erhält nach der Scheidung von ihrem Ehemann nur den als „Ghaib“ vereinbarten Geldbetrag, ihren Goldschmuck und ihre persönlichen Sachen. Die Kinder, die aus der Ehe hervorgegangen sind, stehen rechtlich dem Vater zu.

In den arabischen Ländern hat eine geschiedene Frau geringe Chancen eine neue Heirat einzugehen, da ihr ein Makel anhängt.

Eines Tages wurden wir zu einer Hochzeitsfeier eingeladen, die in der Familie meines Mannes in der Stadt Kerbala stattfand. Ein Cousin heiratete seine Cousine. Die Heirat von Cousin und Cousine ist besonders beliebt, da das Besitztum innerhalb der Familie verbleibt. Es ist auch eine alte Tradition, dass der Cousin das Vorrecht auf eine Heirat seiner Cousine hat.

Am Tag der Hochzeitsfeier fanden sich viele Gäste ein. In den Heiligen Städten des Iraks wie in Kerbala, An Najaf, Samarra und Kufa sieht der Glaube bei Feiern eine strenge Trennung von Mann und Frau vor. Es ist natürlich nicht ausgeschlossen, dass auch in Bagdad, bei streng-religiösen Familien, Männer und Frauen in getrennten Räumen eine Hochzeit feiern.

Ich hielt mich im Raum der Frauen auf und war gespannt auf die Hochzeitszeremonie. Die Frauen und Mädchen hatten ihre Abayas abgelegt und bewegten sich sehr frei. Alle hatten sich anlässlich dieser Feier festlich gekleidet und ihre goldenen Ketten und Armreife angelegt. Sie waren vergnügt und lachten miteinander, während ich mich wegen meiner Sprachschwierigkeiten ein wenig zurückhielt.

Die junge Braut befand sich auch im Raum. Sie war sehr ausdrucksvoll geschminkt und ihr Haar war kunstvoll gestylt. Alle bewunderten ihr schönes, weißes Hochzeitskleid. Sie saß in einem Sessel und hinter ihr, in der Ecke des Zimmers, stand eine große gelbe Hochzeitskerze, die dann bei der Zeremonie angezündet wurde. Zu ihren Füßen lag ein großes rundes Tablett, auf dem sich verschiedene Gewürze und Speisesalz befanden.

Nach kurzer Zeit wurde die Tür einen Spaltbreit geöffnet und wir hörten die Stimme des Mullahs. Die Zeremonie begann. Der Geistliche las eine Sure aus dem Koran vor und nach einigen Formalitäten bat er die Braut, ihr Jawort zu dieser Heirat zu geben. Die Braut antwortete jedoch nicht. Ich war ganz besorgt, weshalb sie mit der Heirat nicht einverstanden war. Der Mullah fragte ein zweites und noch ein drittes Mal, erst dann kam ganz zögerlich das „Ja" über ihre Lippen. Daraufhin trällerten die Frauen mit vorgehaltener Hand und mit vibrierender Zunge, um ihre Freude zum Ausdruck zu bringen.

Nachdem die Trauung vollzogen war, wurde die Braut mit guten Wünschen und Geschenken überhäuft. Danach wurde den Gästen „Sherbet" (Saft) und Süßigkeiten angeboten. Es flossen natürlich auch Tränen bei der Braut, denn ihre Heirat bedeutete zugleich den Abschied von ihrem Elternhaus. In meiner Unwissenheit fragte ich meine Nachbarin, ob die Braut den Bräutigam vielleicht nicht möge, wegen ihres verspäteten und zögerlichen Jawortes. Doch diese beruhigte mich. Sie erklärte mir, es würde sich für ein Mädchen nicht schicken, wenn es sofort das Jawort geben würde.

Es war bereits sehr spät, als die Gäste zum Speisen geladen wurden. Die Tafel war sehr reichlich mit den verschiedensten Fleischspeisen, Reis mit Mandeln und Rosinen, Süßspeisen und Obst gedeckt. Zuerst wurden die Männer zum Essen aufgefordert, und nachdem die Speisen wieder aufgefüllt wurden, bat man die Frauen und Mädchen zu Tisch. Ich empfand in diesem Moment eine tiefe Kränkung. Er zeigte mir ganz deutlich, welche Stellung die Frau in dieser Gesellschaft einnimmt.

Inzwischen hatte die Braut ihre Garderobe gewechselt und zeigte sich nun in einem anderen eleganten Kleid. Im Garten fand dann ein kulturelles Programm für alle statt. Eine Gruppe Frauen eines Beduinenstammes trat auf und unterhielt die Gäste. Ihre Kleidung war sehr farbenfroh und ihre Hände und Füße waren mit Henna bemalt.

Henna, der gelbrote Farbstoff, der aus den Blättern des Hennastrauches gewonnen wird, findet zum Färben der Haare und zum Verzieren der Hände und Füße bei besonderen Anlässen seine Anwendung. Es war sehr interessant, den Beduinenfrauen zuzuschauen, während sie ihre Lieder sangen und sich rhythmisch dazu bewegten. Ihren Gesang begleiteten sie mit Kastagnetten, Fußrasseln und einer Handtrommel. Für ihren Gesang begeistern konnte ich mich jedoch nicht, er war für meine Ohren doch recht gewöhnungsbedürftig.

Zu später Stunde zog sich dann das Brautpaar in sein Schlafgemach zurück. Ich konnte jedoch nicht beobachten, ob sich die Mutter des Ehemannes das Bettlaken der Brautleute zeigen ließ.

Am nächsten Tag fuhren wir wieder zurück nach Bagdad. Auf dem Heimweg hatte ich Zeit, die Hochzeitsfeier vor meinem inneren Auge noch einmal Revue passieren zu lassen. Ich dachte viel über die jungen Mädchen in Kerbala nach, die wie Vögel in Käfigen leben, denn sie konnten sich außerhalb des Hauses nicht frei bewegen. Ständig wurden sie von einem Familienmitglied begleitet, damit sie ja keine Tabus brachen. Besonders auf dem Dorf wurden Mädchen schon im Alter von zwölf Jahren von ihren Eltern verheiratet.

Im Allgemeinen kann man sagen, dass die Frauen in allen arabischen Ländern, unabhängig ihrer Religion und Nationalität, unterdrückt werden. In dieser männerdominierten Gesellschaft beginnt die Unterdrückung der Frau bereits in der eigenen Familie, denn der Ehemann hat, wie später seine Söhne auch, in der Familie das Sagen. Der Staat räumt mit seiner Gesetzgebung den Frauen nur wenige Rechte ein. In einigen arabischen Ländern, wie zum Beispiel in Saudi-Arabien, in den Golfstaaten und im Jemen, haben die Frauen noch nicht einmal das Wahlrecht. Gravierend ist auch die Tatsache, dass einer Frau als Zeugin vor Gericht nur eine halbe Stimme zugesprochen wird, das heißt, es werden zwei Frauen benötigt, um eine Zeugenaussage geltend zu machen. Auch bei der Verteilung des Erbes sind die Töchter benachteiligt, denn sie erhalten nur ein Drittel, während dem Sohn zwei Drittel des Erbteils zustehen.

## Eine Reise nach Kurdistan

Es war Frühling geworden und wir beschlossen, mit dem Auto in den Norden Iraks, nach Kurdistan, zu fahren. In dieser Zeit steht alles in Blüte und die Temperaturen sind auch sehr angenehm. Die Reisevorbereitungen waren im Gange, der Picknickkorb war mit Proviant und Getränken gefüllt und die Kinder konnten gar nicht mehr erwarten, dass es endlich losging. Unser Ziel waren die Berge und der Besuch einiger kurdischer Städte.

Als wir Bagdad verlassen hatten und uns dem Norden näherten, war eine Veränderung in der Landschaft zu beobachten. Das Flachland wurde durch eine Hügellandschaft abgelöst. Wir waren etwa 350 Kilometer gefahren, als wir Kirkuk, das Zentrum des nordirakischen Erdölgebietes, erreichten. Von weitem erblickten wir riesige Feuersäulen, die in den Himmel emporstiegen, es war ein faszinierender Anblick. Die lodernden Flammen sind ungenutzte Gase, die mit dem Erdöl entweichen und abgefackelt werden.

Der Irak ist ein reiches Land. Er besitzt im Norden, bei Kirkuk und Mossul, und im Süden, nahe der Stadt Basra, viel Erdöl. Das Erdöl wird seit der Erschließung im Jahre 1927 gefördert. Jedoch waren damals seine Besitzer ausländische Erdölkonzerne. Während der Regierungszeit von Abdul Karim Kassem wurde auf seine Initiative hin die Organisation Erdöl exportierender Länder (OPEC) gegründet. Erst im Jahr 1972 fand jedoch die Nationalisierung des irakischen Erdöls statt. Dadurch, dass das Erdöl in einer geringen Tiefe von wenigen Metern unterhalb der Erdoberfläche lagert, waren die Förderkosten sehr gering. Ein großer Teil des Rohöls aus dem nördlichen Gebiet wurde mit Pipelines nach der Türkei geleitet, während das Rohöl aus dem Süden des Landes direkt von der Hafenstadt Basra aus verschifft wurde. Nur ein geringer Teil des geförderten Rohöls wurde im Irak verarbeitet. Eine der Raffinerien ist in Daura bei Bagdad. Auch ihre ständig lodernde Flamme war von weitem zu beobachten.

Wir besuchten die alte Stadt Kirkuk, in der sich durch die Erdölförderung eine neue, moderne Arbeiterschicht entwickelt hatte. Dann fuhren wir in die kurdische Kleinstadt Sulaimania, deren

Häuser terrassenartig an die Berghänge gebaut sind. Bei einem Spaziergang durch die Stadt fiel mir die volkstümliche Kleidung der kurdischen Bevölkerung auf. Die kurdischen Frauen waren, auch wenn sie dem islamischen Glauben angehörten, nicht verschleiert. Ihre Kleidung war sehr farbenfroh. Über über dem farbigen Kleid trugen sie oft noch ein rotes oder goldgelbes Tuch und darunter eine andersfarbige, lange Pluderhose, die bis zum Knöchel reichte. Die Männer waren mit einer eng anliegenden Jacke und einer weiten, bauschigen Hose bekleidet. Ihre Körpermitte schmückte eine farbige Schärpe und darunter lugte der traditionelle Dolch hervor. Als Kopfschmuck trugen sie einen turbanähnlich gebundenen Schal, der schwarzweiß oder rotweiß gemustert war.

In dem Gebiet um Sulaimania ist der Boden besonders fruchtbar und wird intensiv für die Landwirtschaft genutzt. Im Norden ist dank der reichlichen Niederschläge eine künstliche Bewässerung nicht erforderlich. Weizen, Roggen, Reis, Tabak, Wein und die verschiedensten Gemüsesorten gedeihen hier. Der größte Teil der Bevölkerung ist mit Ackerbau und Viehzucht beschäftigt. Für die Jugendlichen gibt es aber auch die Möglichkeit, an der Universität zu Sulaimania zu studieren.

Wir verließen die Stadt und fuhren weiter nach Norden in Richtung Erbil, der Hauptstadt der Kurden. Unterwegs sahen wir größere Schaf- und Ziegenherden in den Tälern weiden, die von Frauen und auch Kindern gehütet wurden.

Im Jahre 1970 bot die Baath-Partei, die seit einigen Jahren kriegerische Auseinandersetzungen mit den Kurden führte, ihnen einen Friedensvertrag an, in dem die seit langer Zeit angestrebte Autonomie der Kurden beschlossen wurde. Verhandlungspartner waren die Baath-Partei und der Präsident der Demokratischen Partei Kurdistans, Mustafa Barasani. Die Stadt Erbil wurde zur Hauptstadt des autonomen Gebietes gewählt. Nach dieser Vereinbarung wurde an den Schulen und Universitäten neben der arabischen auch die kurdische Sprache gelehrt. Das autonome Gebiet der Kurden war begrenzt und umfasste einen Teil des irakischen Kurdistans. Das Gebiet um Kirkuk mit den reichen Erdölvorkommen gehörte nicht zu dem autonomen Gebiet.

Im irakischen Kurdistan lebten im Jahr 1975 ungefähr zweieinhalb Millionen Kurden, während im gesamten Kurdistan, das sich über die vier Länder Irak, Syrien, Türkei und Iran erstreckt, zu dieser Zeit etwa zwanzig Millionen Kurden lebten.

Das irakische Kurdistan ist wegen seiner hohen Berge, deren Gipfel bis zu 3 600 Meter erreichen, und seiner tiefen Schluchten und romantischen Gebirgswasserfälle ein ideales Urlaubsgebiet. In den Wäldern wachsen vorwiegend Eichen und Fichten. Leider ist auch hier ein Teil der Berge kahl, da einerseits die Bäume von den Bewohnern als Brennholz genutzt wurden und andererseits der jahrelange Krieg große Schäden verursacht hat. In den Sommermonaten verbringen die Iraker aus dem Mittel- und Südirak ihre Ferien in den Kurorten Schaklaueh, Salaadin oder Sulaf, da die Temperaturen in den Bergen angenehmer sind als im Landesinnern.

In den Städten und Dörfern Kurdistans leben nicht nur Kurden, sondern auch Araber, Assyrer, Kalderer, Turkmenen und andere Minderheiten friedlich miteinander. Vorwiegend ist der islamische Glaube, aber auch der christliche und der weniger bekannte Glaube der Yeziden vertreten.

Schon der Schriftsteller Karl May erwähnte in seinem Roman „Durchs wilde Kurdistan“ die Yeziden, die er als „Teufelsanbeter“ bezeichnete. Ich habe mich daraufhin über die Yeziden und ihre Glaubenslehre belesen und keinerlei Hinweis darauf gefunden, dass sie den Teufel anbeteten. Sie glauben weder an die Existenz eines Teufels noch an die Hölle.

Die yezidische Religion ist sehr alt und es gehören nur Kurden dieser Gemeinschaft an. Im gesamten Kurdistan wurden die Gläubigen auf etwa 300 000 geschätzt. Interessant ist, dass man dieser Religionsgemeinschaft nicht beitreten kann, sondern man muss als Yezide geboren sein. Ein Gebetbuch, wie wir es kennen, haben die Yeziden nicht. Sie geben ihren Glauben mit seinen Regelsätzen mündlich weiter.

Die Yeziden glauben an Gott, den sie „Chode“ nennen, und an eine Seelenwanderung nach dem Tod. Gute Seelen treten wieder in Körper der Menschen ein, während schlechte Seelen in die der wilden Tiere eindringen, die ursprünglich sündige Menschen waren. Der Heilige „Scheich Adi bin Musafir“ wird von dieser Glaubensgemeinschaft sehr verehrt. Viele Gläubige pilgern zu seinem Grabmal, das im heiligen Tal von Lalish liegt.

Die yezidische Frau trägt keinen Schleier. Sie kann nur einen Mann, der Mitglied ihrer Religionsgemeinde ist, heiraten. Man sagt, dass die yezidischen Mädchen und Frauen außergewöhnlich schön seien. Sogar in der europäischen Literatur wurde ihre Schönheit erwähnt. Früher wurden die yezidischen Mädchen von Moslems einfach geraubt und auf dem Sklavenmarkt verkauft. Sehr oft landeten sie als Tänzerinnen in den türkischen und persischen Harems.

Die Angehörigen der yezidischen Glaubensgemeinschaft stellen im gesamten Kurdistan nur eine Minderheit dar. Seit langer Zeit sind sie grausamen Verfolgungen durch Islamisten, besonders in der Türkei, ausgesetzt. Sie behaupten, die Yeziden seien Ungläubige und somit Feinde Gottes, weil sie keine Buchreligion wie der Islam, das Christentum und das Judentum seien. Viele Yeziden flüchten deshalb heute noch aus der Türkei nach Europa und bitten dort um Asyl.

Auch aus dem irakischen Teil Kurdistans sind viele Kurden, unabhängig ihrer Religion, nach Europa geflüchtet, als das Saddam-Regime versuchte, sie zu arabisieren. Man vertrieb die Kurden aus dem Norden Iraks und siedelte sie, ganz entgegen ihrer Lebensweise, in Mittel- und Südirak an.

Während wir in Erbil weilten, fand das „Newruz-Fest" statt, das von der kurdischen und auch von der iranischen Bevölkerung gefeiert wird. Freunde aus Erbil hatten uns zu den Feierlichkeiten eingeladen. Dieses Neujahrsfest findet jedes Jahr am 21. März statt. Es ist gleichzeitig der Nationalfeiertag der irakischen Kurden, der ihre Eigenständigkeit dokumentiert.

Zu dieser Zeit ist der Schnee in den niedrigen Bergen geschmolzen, nur die hohen Gipfel sind noch schneebedeckt. Der Frühling in den Bergen ist etwas ganz Besonderes. Überall sprießt das zarte Grün und die Frühlingsblumen, wie Narzissen, Tulpen, Lilien und Orchideen, sind in den wunderschönsten Farben erblüht.

Zum Newruz-Fest waren alle gut gekleidet. Die Frauen und Mädchen hatten außerdem ihren Goldschmuck angelegt. Wir besuchten einige festlich geschmückte Plätze, auf denen musiziert, gesungen und getanzt wurde. Frauen und Männer in farbenfroher Bekleidung tanzten zusammen den kurdischen Folkloretanz „Raschbalak". Sie bildeten einen großen Kreis, und jeweils eine Frau und ein Mann im Wechsel hielten sich an den Händen fest.

Dann tanzten sie im Schreitschritt nach dem Takt der Trommel und der Flötenmusik.

Am späten Abend konnten wir auf dem Gipfel des Berges ein loderndes Feuer beobachten, das anlässlich des Newrus-Festes entzündet wurde. Auch bei uns ist es zu Ostern Brauch, ein Holzfeuer in der Natur anzuzünden.

Nach dem Besuch einer sehr alten Festung, die vor ungefähr 2000 Jahren v. Chr. auf einem Hügel erbaut wurde, fuhren wir weiter die Serpentinenstraße entlang, bis wir den Kurort Schaklaueh erreichten. Hier legten wir eine Übernachtung ein und am nächsten Tag ging es weiter in Richtung Mossul, der drittgrößten Stadt Iraks.

Mossul liegt am Ufer des Tigris und wird, wegen ihres milden Herbstes, auch Stadt der zwei Frühlinge genannt. Nach einer Stadtrundfahrt und dem Besuch einiger Sehenswürdigkeiten setzten wir unsere Reise fort. Als nächstes und letztes Ziel hatten wir uns die Besichtigung der Ruinenstadt Hatra vorgenommen.

Schon von weitem erblickten wir die Tempelanlage, die als Stadt der Sonne bezeichnet wurde. Ich war überrascht von der Größe und Schönheit des Sonnengott-Tempels mit seinen griechischen und römischen Bauelementen, dessen Überreste im Jahr 1951 ausgegraben und wieder aufgebaut wurde.

In seiner Blütezeit von 400 v. Chr. bis 300 n. Chr. entwickelte sich Hatra durch seine Lage an der Seidenstraße zu einem bedeutenden Handelszentrum. Hohe Mauern und Türme schützten die Tempelanlage vor Eroberern. Hier befand sich die Residenz der arabischen Könige. Erst dem persischen König Schahpur I. gelang es, die Festung zu erobern, die er danach zerstören ließ.

Mit vielen bleibenden Eindrücken begaben wir uns auf den Weg nach Hause.

Für die Kinder begann nun wieder der Schulunterricht. Mein Mann hatte sich um die schulischen Belange der Kinder gekümmert und sie zum Lernen angehalten, sodass beide sehr gute Noten in ihren Zeugnissen erhielten. Zu Hause sprachen wir im allgemeinen Deutsch, während mein Mann sich mit den Kindern nur auf Arabisch unterhielt.

Ich lebte nun schon einige Jahre im Irak und im Laufe der Zeit hatten sich auch meine arabischen Sprachekenntnisse verbessert. Natürlich fehlten mir hin und wieder einige Vokabeln, doch ich behalf mir, indem ich sie durch englische ersetzte. Eines Tages wurde ich jedoch mit einer arabischen Redensart konfrontiert, die mich sehr in Bedrängnis brachte.

Ich machte einer jungen Frau ein Kompliment, weil sie eine hübsche Kette trug. Ihre Antwort war darauf „bil ordheh", was übersetzt heißt, „ich schenke sie dir". Sie legte die Goldkette ab und reichte sie mir. Ich war in eine peinliche Lage geraten, aus der ich versuchte, wieder herauszukommen. Die Kette hätte ich annehmen können, denn sie hatte sie mir ja geschenkt, aber das Geschenk war zu groß und deshalb bedankte ich mich dafür und lehnte es ab. Als ich später meinem Mann davon erzählte, erklärte er mir, dass „bil ordheh" eine höfliche Floskel sei und man im realen Leben das angebotene Geschenk natürlich ablehnte.

Die Tage in der Woche vergingen sehr schnell und ließen auch keine Langeweile aufkommen, denn ich hatte zu Hause ein volles Programm. Neben der täglichen Hausarbeit fand ich zwischendurch aber hin und wieder noch Zeit, ein Buch zu lesen. Sobald das Wochenende nahte, unternahmen wir etwas mit den Kindern. Bei angenehmen Temperaturen verabredeten wir uns mit Bekannten und fuhren in die nähere Umgebung Bagdads.

Es war an einem Freitag, als wir mit Freunden zum Habannie-See unterwegs waren. Der See liegt etwa fünfzig Kilometer entfernt von Bagdad. Er wurde künstlich angelegt, um den Wasserstand des Euphrats bei Hochwasser zu regulieren. Die Größe des Sees beträgt rund vierhundert Quadratkilometer.

Während der Kolonialzeit hatten England und Irak einen Vertrag über seine Nutzung als militärischen Stützpunkt abgeschlossen. Mit der Revolution von 1958 endete dieser Vertrag und der See wurde später für die Öffentlichkeit freigegeben. Nun war er schon seit einigen Jahren für viele Familien ein beliebtes Ausflugsziel.

Wir erreichten den Habannie-See und ließen uns an dem breiten Sandstrand nieder. Das Wasser war sehr klar und lud zum Baden ein. Während wir uns im Wasser erfrischten, sah ich einige irakische Frauen mit ihrer Kleidung ins Wasser gehen. Ich war ein wenig entsetzt darüber, dachte aber dann, vielleicht seien es einfache Leute, die keine Badekleidung besaßen. Oder, was wahrscheinlicher war, sie seien streng gläubig und die Religion verbot ihnen, sich leicht bekleidet in der Öffentlichkeit zu zeigen.

Die Kinder und wir Erwachsenen ließen uns deshalb beim Baden nicht stören und genossen das kühle und saubere Wasser. Nach dem Badespaß wurde ein Tuch ausgebreitet, auf dem die mitgebrachten Speisen ausgepackt wurden und jeder aß, worauf er Appetit hatte. Als der Tag dann zur Neige ging, machten wir uns auf den Heimweg.

Es waren nur noch wenige Wochen, bis die Sommerferien begannen. Wir hatten nämlich geplant, Ende Juni 1978 mit den Kindern in die DDR zu fliegen und den Sommer dort zu verbringen. Mein Mann zögerte jedoch wegen der sich zuspitzenden Lage mitzukommen. Seit einiger Zeit begann sich eine starke rechtsradikale Entwicklung in der Regierung abzeichnete. Es begann eine Zeit der Verhaftungen von Demokraten, Kommunisten, Sozialisten, aber auch religiösen Politikern.

Ich beschloss dann allein mit den Kindern zu fliegen, denn ich hatte große Sehnsucht nach meiner Familie. Natürlich haben wir dabei auch an Schwarzbrot und Thüringer Wurst gedacht, wir vermissten das hier sehr. Obwohl wir ab und zu im Supermarkt Cornedbeef und Wiener Würstchen in Büchsen kauften, schmeckte es zu Hause doch am Besten. Für die Kinder war der Aufenthalt in der DDR auch sehr wichtig, um dort ihre deutschen Sprachkenntnisse zu erweitern und zu festigen.

Als wir endlich den Flughafen Berlin-Schönefeld erreicht hatten, mussten wir noch einige Stunden mit dem Zug nach Thüringen fahren. Während der Zugfahrt fiel mir besonders die wunderschöne Natur mit ihren saftigen Wiesen und grünen Wäldern auf, während im Irak zu dieser Zeit Hitze und Trockenheit herrschten.

Am Bahnhof in Weimar wurden wir schon sehnlichst von meinem Vater erwartet. Zu Hause angekommen, begrüßten uns seine Ehefrau, zu der wir Tante Marta sagten, und meine Halbschwester, die inzwischen verheiratet war. Sie hießen uns alle herzlich willkommen. Wir hatten ein gutes Verhältnis zu ihnen und sie taten alles, damit wir uns zu Hause wohlfühlten.

In dem kleinen Ort Vogelsberg, in dem jeder jeden kannte, wurden wir auch von den Nachbarn herzlich begrüßt. Der Sohn meiner Halbschwester, Marko, freute sich schon auf seine neuen Spielgefährten aus Bagdad. Zu dritt waren sie ständig unterwegs. Unsere beiden Kinder waren über die Freiheit, die sie hier auf dem Dorf genossen, sehr glücklich und begannen nur noch deutsch zu sprechen. Als beispielsweise die Postfrau in der Nähe unseres Hauses war, riefen mir die Kinder zu: „Frau Briefmarke kommt!“ Sie waren so aufgeschlossen und überhaupt nicht scheu, dass sie sogar ein Stück des Weges mit ihr gingen, um mit ihr die Post zu verteilen. Eines Tages erzählte mir Yasmin stolz, dass sie im Konsum gesungen habe und ihr Bruder und Cousin anschließend Geld eingesammelt hätten. Die Idee der Kinder war köstlich, natürlich hatten sie nur einen kleinen Betrag eingenommen.

Zur Abwechslung unternahmen wir mit meinem Vater und seiner Frau mehrere Ausflüge in den Thüringer Wald, wo wir die herrliche Natur genossen.

So verbrachten wir völlig unbesorgt die Sommermonate im Hause meines Vaters, bis es Anfang September Abschied nehmen hieß. Es tat uns Leid sie zu verlassen, aber wir freuten uns auch auf unser Zuhause in Bagdad und natürlich auf das Wiedersehen mit Kadhim.

Als wir im Transitraum des Flughafengebäudes auf den Abflug warteten, trafen wir dort Freunde aus Bagdad, die mir eine weniger erfreuliche Nachricht überbrachten. Sie erzählten mir, mein Mann sei im Juli verhaftet worden und sitze im Gefängnis. Ich war über diese Nachricht so schockiert, dass die restliche Flugstrecke für mich zum Albtraum wurde.

Doch als wir endlich in Bagdad eintrafen, empfing uns mein Mann am Flughafen. Er sah schlecht aus und war sehr abgemagert. Zu Hause erzählte er mir von seiner Verhaftung durch die Staatssicherheitsorgane und wie man ihn in einem kleinen dunklen Raum gequält und gefoltert habe. In der Zelle, in der er dreißig Stunden verbringen musste, war es schon durch die Außentemperatur, die bei 56 Grad Celsius lag, sehr heiß. Hinzu kam noch, dass man den Fußboden der Zelle von unten beheizte, sodass die Temperatur darin auf mehr als 70 Grad Celsius anstieg.

Der Grund für seine Verhaftung war nicht nur die Veröffentlichung eines Artikels, in dem er die Politik der Baath-Partei und der Regierung kritisiert hatte, sondern auch seine kritische Haltung bei öffentlichen Diskussionen, die im Fernsehen übertragen wurden. Saddam Hussein betrachtete dies als eine Beleidigung seiner Person sowie seines Kommandorates der Revolution.

Nach vierzehn Tagen war mein Mann auf Grund von Protestaktionen in den arabischen Ländern, aber auch aus dem Inland, freigelassen worden. Er wurde seines Amtes enthoben und zwangspensioniert. An eine monatliche Zahlung der Pension war nicht zu denken.

Mein Mann hatte nun keine Arbeit mehr und hielt sich zu Hause auf. Für die Kinder waren die Ferien zu Ende und es begann wieder die Schule. Dadurch, dass sie einige Monate nur die deutsche Sprache gesprochen hatten, schienen ihre arabischen Sprachkenntnisse abhanden gekommen zu sein. Aber nach kurzer Zeit war dieses Sprachproblem wieder überwunden.

Im Herbst 1978 erhielt mein Mann die Einladung zu einem Vortrag an der Universität zu Konstantin in Algerien. Während seines kurzen Aufenthalts in Algerien nutzte er die Gelegenheit und bewarb sich an der Universität in Algier für einen Professorenlehrstuhl, denn im Irak gab es keine Zukunft für ihn.

Die politische Lage hatte sich hier zunehmend verschlechtert und eine Verhaftungswelle zog über das Land. Mehr als 50 000 Personen verschiedener politischer und religiöser Richtungen wurden verhaftet und gefoltert. Viele Andersdenkende, besonders die Intellektuellen, verließen das Land und flohen ins Ausland.

Nach kurzer Zeit lag die Zusage der Universität zu Algier vor und mein Mann flog noch im November 1978 nach Algerien. Ich blieb mit den Kindern noch eine gewisse Zeit in Bagdad zurück, da er einige Vorbereitungen für unsere Übersiedlung nach Algier treffen wollte. So wohnte ich mit den Kindern weiterhin in unserem Haus und brachte sie täglich zur Schule. Später stellte ich bei den Behörden einen Antrag auf eine Besuchsreise nach Algerien, um angeblich die Winter-Schulferien dort zu verbringen. Wir beabsichtigten jedoch nicht wieder nach Bagdad zurückzukehren.

Für unsere Ausreise benötigte ich neben den gültigen Pässen auch eine Einverständniserklärung meines Mannes, damit ich mit den Kindern ausreisen konnte. Der Irak und andere arabische Länder verlangen diese Einverständniserklärung des Ehemannes, sobald die Ehefrau mit ihren Kindern ausreisen will. Das Einverständnis von Kadhim lag den Behörden bereits vor, sodass ich erwartete, es würde bei der Ausreise keine Probleme geben. Eines Tages stellte ich jedoch fest, dass sich in unserer Straße zwei Männer in Zivil aufhielten, sie waren von der Staatssicherheit, die mich ständig beobachteten.

Der Bruder meines Mannes erklärte mir später, der Revolutionsrat habe eine Anklage gegen Kadhim erhoben. Sie wollten ihn vor das Militärgericht bringen, was für ihn das Todesurteil bedeutet hätte. Er wurde also gesucht und deshalb beschattete die Staatssicherheit mich in dem Glauben, dass ich sie zu ihm führen würde. Was sie nicht wussten, war jedoch, dass er ganz offiziell ausgereist war.

Dann hörte ich von Freunden, dass auch ein Bekannter von uns verhaftet und nach kurzer Zeit wieder freigelassen worden sei. Wir waren mit ihm und seiner deutschen Frau befreundet, deshalb besuchte ich seine Frau zu Hause. Wir sprachen jedoch nur ganz kurz miteinander und sie bat mich, sofort wieder wegzufahren, da ihr Haus beobachtet würde. Ich stieg daraufhin gleich in mein Auto und fuhr los. Im Rückspiegel sah ich schon, dass mich ein schwarzes Auto verfolgte. In aller Aufregung fuhr ich nicht nach Hause, sondern wartete vor der Schule, bis der Unterricht der Kinder zu Ende war. Ich fühlte mich nun ständig beobachtet und bekam es mit der Angst zu tun. Schnell packte ich die Koffer für unsere Reise und legte nur das Allernötigste hinein in der Annahme, dass wir nach kurzer Zeit, sobald sich die politische Lage wieder normalisieren würde, nach Bagdad zurückkehren könnten. Dann fuhr ich mit den Kindern zu der Familie von Kadhims Bruder, um die letzten vierzehn Tage vor unserer Ausreise nach Algerien dort zu verbringen. Der Weg zur Schule war von hier aus wesentlich weiter, aber bei der Familie fühlten wir uns sicher. Nach der Schule fuhr ich hin und wieder zu unserem Haus, um dort einige Vorbereitungen zu treffen, da wir beabsichtigten, das Haus während unserer Abwesenheit möbliert zu vermieten.

Der letzte Schultag vor den Ferien war gekommen und die Kinder erhielten ihre Zeugnisse. Nun konnten wir die Reise nach Algerien antreten. Wir freuten uns einerseits Kadhim wieder zu sehen, andererseits waren wir sehr traurig, Abschied von der Familie nehmen zu müssen.

Ich bedauerte es sehr, nach elf Jahren die Familie und das Land verlassen zu müssen. Ich hatte mich hier gut eingelebt und hatte ein gutes Verhältnis zu der Familie meines Mannes.

Unser Flug war für Anfang Januar 1979 gebucht. Am Tag des Abfluges begleitete uns die Familie des Bruders zum Flughafen. Während wir uns voneinander verabschiedeten, war der Bruder Kadhims ein wenig nervös. Sicherlich befürchtete er, dass wir Probleme bei der Ausreise bekommen könnten. Doch die Passkontrolle verlief zum Glück reibungslos. Nachdem die Formalitäten erledigt waren, warf ich noch einen Blick zurück und sah, dass sie alle erleichtert waren. Mit Tränen in den Augen dankte ich ihnen für alles. Es war ein Abschied auf unbestimmte Zeit.

Vor meiner Abreise hatte die Regierung ein Gesetz erlassen, das alle Ausländerinnen, die mit Irakern verheiratet waren und im Irak lebten, zwang, die irakische Staatsbürgerschaft anzunehmen. Ich konnte mich diesem Gesetz noch entziehen, da ich vor seinem Inkrafttreten ausreiste.

# Flucht nach Algerien

Seit der Trennung von meinem Mann waren schon zwei Monate vergangen. Wir freuten uns sehr auf das Wiedersehen. Der Flug von Bagdad nach Algier war ruhig verlaufen und die Kinder konnten die Ankunft kaum noch erwarten. Nachdem die Dokumente für die Einreise überprüft waren, traten wir in die Empfangshalle und suchten unter den vielen Menschen, die ihre Verwandten oder Freunde abholten, Kadhim. Da entdeckten wir ihn, mit einem Strauß Rosen in der Hand. Die Freude war sehr groß, wir waren so glücklich, endlich wieder zusammen zu sein. Mit einem Taxi fuhren wir dann nach Ben Aknun, das ist ein großer Park, der außerhalb des Zentrums lag. Hier befand sich eine Gewerkschaftsschule mit kleinen Einfamilienhäusern, in denen die Studenten untergebracht waren. Mein Mann hatte die Möglichkeit erhalten, vorübergehend in einem dieser eingerichteten Häuser zu wohnen.

Die große Anlage war nicht öffentlich, sondern sie wurde Tag und Nacht bewacht. Bei unseren täglichen Spaziergängen in dem großen Park entdeckten wir viele exotische Pflanzen und üppige Bäume, darunter Kiefern, Zedern, Eukalyptusbäume und Korkeichen. Ganz in der Nähe der Häuser war ein großer Spielplatz, wo die Kinder ganz ohne Aufsicht spielen konnten. Mehrere Gärtner waren hier angestellt und pflegten das gesamte Gelände.

Die Stadt Algier liegt direkt an der Küste des Mittelmeers. In den Sommermonaten regnet es hier kaum, aber im Winter und im Frühjahr fallen reichlich Niederschläge. Nun wurde es Frühling und überall grünte und blühte es in den herrlichsten Farben. Bei unseren Spaziergängen sahen wir Narzissen, Orchideen und viele andere Frühlingsblumen in freier Natur wachsen. Bei dieser Blumenpracht konnte ich kaum widerstehen, einen bunten Strauß mit nach Hause zu nehmen.

Kadhim war seit zwei Monaten an der Universität zu Algier als Professor für Wirtschaftswissenschaften und Forschung eingesetzt und hielt nur an bestimmten Tagen seine Vorlesungen. In den ersten Tagen unseres Aufenthalts besichtigten wir die wunderschöne Stadt Algier. Das Zentrum der Stadt ähnelt, vom Baustil der Häuser und der Straßenzüge gesehen, sehr der Stadt Paris. Die Häuser sind hell und reich mit Stuck verziert. Sie sind vier bis fünf Stockwerke hoch und ihre Balkone schmücken Ornamente aus Schmiedeeisen. Die Stadt hat durch die Kolonialzeit einen europäischen Charakter erhalten. Die Haupt- und Geschäftsstraßen im Zentrum der Stadt sind beiderseitig von traditionell beschnittenen Bäumen gesäumt, die den Spaziergängern im Sommer den gewünschten Schatten spenden. Hier fand ich ein ganz anderes Stadtbild vor, als ich es vom Irak her gewohnt war. Während im Irak in der Fußgängerzone bei der Bekleidung der Menschen die schwarze Farbe dominierte, beobachtete ich hier helle Farben.

Auch Algerien ist ein islamisches Land. Seine Gläubigen gehören der sunnitischen Glaubensrichtung an. Die Frauen, vorwiegend die Älteren, trugen lange Kleider und darüber eine helle Abaya, die in Algerien „Haik“ genannt wird. Einige Frauen bedeckten sogar ihr Gesicht mit einem weißen, spitzenverzierten Tüchlein, das nur die dunklen Augen erblicken ließ. Ein großer Teil der älteren Männer trug ein weißes, langes, hemdartiges Gewand mit Kapuze. Die rote Filzkappe, Fez genannt, war hier eine typische Kopfbedeckung der Männer. Die jüngere Generation jedoch war im europäischen Stil gekleidet.

In der belebten Hauptstraße gab es viele Geschäfte, moderne Restaurants und offene Cafés, in denen auch Frauen bei einem arabischen Kaffee oder bei Pfefferminztee anzutreffen waren. In den Grünanlagen im Zentrum der Stadt, tummelten sich viele Kinder. Ganz in der Nähe befand sich die Universität zu Algier. Die Stadt war groß und zog sich längs der Küste des Atlasgebirges entlang. Überall wurden Plattenbauten errichtet, an ein Ende des Baubooms war nicht zu denken. Einige Straßen in Algier stiegen so steil an, dass ich ganz zufrieden war, nicht selbst am Steuer zu sitzen, sondern auf dem Beifahrersitz.

Nachdem wir einen Monat in Ben Aknun verbracht hatten, wurde uns eine Wohnung in einem Neubauviertel angeboten. Wir erhielten eine Drei-Raum-Wohnung im oberen Stockwerk, in der vierten Etage. Das Viertel lag auf einer Anhöhe, sodass ich vom Fenster aus das Meer erblicken konnte. Es war hier mehr eine Wohngegend, denn es gab hier nur eine arabische Grundschule, die unsere beiden Kinder besuchen würden, ein Lebensmittelgeschäft und einen Frisör. Die Kinder lernten hier von der ersten Klasse an die arabische und französische Sprache gleichzeitig. Das bedeutete für Samer und Yasmin, dass sie eine neue Fremdsprache lernen mussten.

Die Bewohner unseres Wohngebietes waren überwiegend Einheimische, aber auch Franzosen, Italiener, Syrier und Iraker. Zu den irakischen Familien hatten wir gleich Kontakt aufgenommen, auch sie waren wegen der politischen Lage im Irak hierher geflüchtet. Inzwischen hatten Tausende irakische Intellektuelle in den verschiedensten Städten Algeriens eine Arbeit gefunden. Sie waren vorwiegend im Bildungswesen, im Bau und in der Wirtschaft beschäftigt.

Wir zogen also mit unseren wenigen persönlichen Sachen in diese Wohnung ein. Bis auf einige eingebaute Wandschränke war die Wohnung allerdings leer. Deshalb mussten wir uns für eine kurze Zeit einige Möbelstücke aus der Gewerkschaftsschule ausborgen, bis wir uns eigene Möbel kaufen konnten. Unsere Einrichtung war sehr dürftig und bestand anfangs lediglich aus vier Feldbetten und einem einfachen Tisch mit vier ungepolsterten Stühlen. Es war schon eine gewaltige Umstellung für uns, die wir vorher im Irak in einem wunderschönen, komfortablen Haus gewohnt hatten.

An dem Tag unseres Umzugs in die neue Wohnung wurden wir mit einem neuen Problem konfrontiert. Es floss kein Wasser aus den Wasserhähnen. Wir erfuhren dann, dass die Hauptstadt große Probleme bei der Versorgung der Bevölkerung mit Trinkwasser hatte. Deshalb regelte die Stadt die Wasserverteilung so, dass jedem einzelnen Bezirk nur zu einer bestimmten Zeit Wasser zugeführt wurde. In unserem Bezirk konnte man abends zwei Stunden lang Wasser aus der Leitung entnehmen. Wir waren also gezwungen, uns große Gefäße zu kaufen, damit wir uns einen Wasservorrat anlegen konnten. Ständig standen auf dem Gaskocher gefüllte Töpfe mit warmem Wasser bereit, das zum Geschirrspülen oder zur Körperreinigung benötigt wurde. Es passierte natürlich auch einmal, dass jemand den Wasserhahn in der Toilette nicht zugedreht hatte und uns, als wir an diesem Abend die Wohnung betraten, das Wasser bereits im Korridor entgegenfloss.

In dieser Zeit war in Algerien das Angebot an Industriewaren sehr knapp bemessen. Auf dem Markt waren beispielsweise Elektrogeräte, Kühlschränke, Küchenherde oder Waschmaschinen Mangelware. So war man gezwungen, diese aus dem Ausland oder aus zweiter Hand zu kaufen. Sobald in unserem Viertel bekannt wurde, dass eine ausländische Familie ihre Wohnung auflösen wollte, fanden sich zahlreiche Interessenten ein, um die gebrauchten Gegenstände zu kaufen. Auf diese Weise konnten wir einen Kühlschrank, einen Gasherd und einen Teppich erstehen. Sogar mein Mann begann sich handwerklich zu betätigen und fertigte aus neuen Brettern zwei Nachttische an, die wir anschließend weiß lackierten. So schätzten und freuten wir uns über jedes neue Möbelstück, auch wenn es noch so einfach war.

Nach kurzer Zeit lernten wir in Algier auch eine deutsche Ärztin kennen, die mit einem Algerier verheiratet war. Zu dieser Familie knüpften wir freundschaftliche Beziehungen. Wir besuchten uns gegenseitig und unternahmen an den Wochenenden kleinere Ausflüge in die nähere Umgebung oder fuhren zum Schwimmen ans Meer.

Eines Tages, als wir mit unseren Freunden am Strand waren, machten wir eine originelle Beobachtung. Wir sahen einen Personenwagen, der in der Nähe des Strandes hielt. Aus dem Auto sprangen neun Kinder heraus und rannten johlend zum Wasser. Der Vater kam langsam hinterher. Die größeren Kinder tollten im Wasser herum, während die kleineren mehr im Sand spielten. Nach einer gewissen Zeit begann der Vater die Sachen wieder zusammenzupacken. Es ging also wieder nach Hause. Zunächst spülte er jedes Kind mit Wasser ab, damit kein Sand am Körper haften bliebe. Während er anschließend die Kinder einzeln zu seinem Auto trug, standen die übrigen Kinder auf einer Decke und warteten, bis sie an die Reihe kamen. Wir haben uns als Zuschauer dabei sehr amüsiert und fanden die Episode recht lustig.

Algerien war seit dem Jahre 1830 eine Kolonie Frankreichs. Von dieser Zeit an wurde die Bevölkerung massiv unterdrückt und die Bodenschätze wurden von den Kolonialisten ausgebeutet. Die Bevölkerung setzte sich aus Amazighen (Berbern) und Arabern zusammen. Während der Kolonialzeit wurde in den Schulen und an den Universitäten die französische Sprache eingeführt. Nur in den

Koranschulen wurde weiter Arabisch gelehrt. Die Amtssprache war nun Französisch. Die Demütigung des algerischen Volkes durch die Kolonialisten ging so weit, dass es Algeriern verboten wurde, bestimmte Restaurants und Cafés zu betreten. Sogar am Meeresstrand war ein Schild angebracht, das darauf hinwies, dass das Betreten des Strandes für Algerier und Hunde verboten sei.

Innerhalb der Bevölkerung wuchs der Widerstand gegen die Franzosen. Im Jahre 1954 vereinigten sich die Nationaldemokratischen Kräfte und bildeten eine Nationale Befreiungsfront (FLN). Gemeinsam führten sie den blutigen, bewaffneten Befreiungskampf durch. Erst im März 1962 erkannte Frankreich die Unabhängigkeit Algeriens an und stellte die Kampfhandlungen ein. Im September 1962 wurde Algerien zur Volksrepublik proklamiert. Ahmad Ben Bella wurde erster Ministerpräsident des Landes. Nach seinem Sturz im Jahre 1965 übernahm Houari Boumediène die Macht. Als er im Jahre 1978 starb, wählte die Volkskammer Chadli Benjedid zum Staatspräsidenten.

Wir wohnten inzwischen einige Monate in dem neuen Stadtviertel, das außerhalb des Stadtzentrums lag. Es gab zwar einen Bus, der uns in die Stadtmitte brachte, aber er war stets überfüllt. Ein Auto war also in Algier sehr wichtig und wir beschlossen, uns einen neuen Peugeot 504 zu kaufen. Mit dem Wagen konnten wir nun auch Reisen durch das Land unternehmen.

Schon am folgenden Wochenende unternahmen wir die erste Tour mit unserem neuen Auto. Wir verabredeten uns mit einigen irakischen Familien, um gemeinsam den kleinen Ort Schiffah zu besuchen, der etwa dreißig Kilometer von der Hauptstadt entfernt lag. Für die Kinder war Schiffah besonders interessant, denn sie konnten hier Affen in der freien Natur erleben. Während wir auf dem Rastplatz unsere Autos abstellten, kamen schon die ersten Tiere den Hang herabgestürmt, denn sie erwarteten von uns etwas Essbares.

Schon nach kurzer Zeit hatten wir uns in Algier eingelebt und es gefiel uns in dieser Stadt am Meer. In unserer Wohnung kamen neue Möbelstücke hinzu und es wurde etwas gemütlicher. Ich fühlte mich hier wesentlich freier als im Irak und hatte manchmal das Gefühl, im Urlaub zu sein. Dadurch, dass Kadhim nur an bestimmten Tagen lehrte, hatte er hier viel Zeit für die Familie. Wir unternahmen häufig kleine Ausflüge in die wunderschöne Natur oder fuhren zum Schwimmen ans Meer. Auch das Klima, das hier angenehmer war als in Bagdad, spielte dabei eine wesentliche Rolle.

Die Bewohner der Stadt sprachen nur zum Teil Arabisch, sie vermischten noch die arabische mit der französischen Sprache. Leider sprach ich kein Französisch und so war ich auf die arabische Sprache angewiesen. Gewöhnlich tätigte ich die Einkäufe auf dem großen Markt gegenüber unserem Viertel. Die Händler dort vermuteten stets, ich sei Französin und waren verblüfft, wenn ich dann arabisch mit ihnen sprach.

Eines Tages besuchten wir die Kasbah im Stadtzentrum. Sie ist ein interessantes altes Viertel, das von der UNESCO unter Denkmalschutz gestellt wurde. Während des Befreiungskampfes hatten viele Widerstandskämpfer in diesen Häusern ihren Unterschlupf gefunden, hier führten sie bis zur Befreiung einen erbitterten Kampf gegen die Franzosen.

Die Häuser in der Kasbah sind überwiegend klein. Sie wurden dicht aneinander und sogar übereinander an eine Bergwand gebaut. Die Wege zu den Häusern sind zum Teil sehr schmal, steil und verwinkelt, sodass die Bewohner vieler Häuser ihr Heim nur über Treppen erreichen können. Wir waren neugierig auf einen Einblick in das Leben der Menschen, die in der Kasbah wohnten, und so stiegen wir die engen Gassen hinauf. Vor den Häusern spielten ärmlich gekleidete Kinder. Kleine, einfache Läden boten hier Lebensmittel und Gemüse an. Während wir die Stufen der schmalen Gasse emporstiegen, kamen uns voll beladene Esel entgegen, die den täglich anfallenden Müll der Bewohner der Kasbah abtransportierten. Denn ein Fahrzeug der Müllabfuhr konnte hier nicht eingesetzt werden. Viele Bewohner, die in diesen kleinen und primitiven Häusern wohnten, waren sehr arm. Aber es gab auch schöne mehrstöckige Häuser mit eigenem Brunnen, in denen Wohlhabende lebten. Leider waren jedoch die meisten Häuser in sehr schlechtem baulichem Zustand. Auch die Regierung hatte gegen den Verfall wenig unternommen.

Eines Tages beobachtete ich vom Fenster unserer Wohnung einen Kampf zwischen zwei Jungen. Sie waren umringt von einer Schar Kinder, die sie anfeuerten. Die Art, wie sie miteinander kämpften, machte mich neugierig. Denn die beiden Jungen stießen sich so lange mit ihren Köpfen, genauer gesagt, mit ihrer Stirn zusammen, bis einer den Kampf aufgab. Man erzählte mir, diese Art des Kampfes sei ein Kräftemessen unter den Kindern. Auf mich wirkte es sehr brutal.

Die meisten Kinder waren sehr ärmlich gekleidet. Ich hatte das Empfinden, dass die Armut unter der Bevölkerung in Algerien größer war als im Irak. Die algerischen Familien sind ebenfalls sehr kinderreich und leben zusammengepfercht in kleinen Wohnungen. Besonders in den Armenvierteln hatten viele der neuen Plattenbauten keinen Balkon und so wurde die Wäsche zum Trocknen auf einer Leine unterhalb der Fenster aufgehängt. Die ganze Häuserfront war stets mit verschiedenfarbiger Wäsche behangen. Ich sah in Algier auch Slums, wo sich die Ärmsten der Armen aus den Dörfern niedergelassen hatten. Sie vegetierten entlang eines Berghanges in menschenunwürdigen Behausungen und hofften, in der Stadt eine Arbeit zu finden. Jedoch waren die Chancen auch hier gering, denn die Arbeitslosigkeit war überall sehr hoch. Aufgrund der Armut stieg auch die Kriminalität an. Unsere Freunde hatten uns schon vor Taschendieben und Einbrechern gewarnt. Besonders in den Sommermonaten, sobald die Familien verreist waren, häuften sich die Wohnungseinbrüche.

Natürlich gab es auch hier eine Schicht Reicher, die in einer bevorzugten schönen Wohngegend lebte. Ihre großen Villen waren von gepflegten Gärten umgeben. Sie hatten ihr eigenes Dienstpersonal und flogen von Zeit zu Zeit nach Paris zum Shoppen.

Anfangs hatten wir noch brieflichen Kontakt zu Kahims Familie im Irak, den wir aber abbrachen, als wir erfuhren, dass die Sicherheitspolizei jegliche Post und Telefonate kontrollierte. Über Bekannte hörten wir dann, dass das Baath-Regime unser Haus in Bagdad sowie auch die Häuser von Freunden, die ins Ausland geflüchtet waren, beschlagnahmt hatte. In den Häusern wohnten jetzt Mitglieder ihrer Baath-Partei.

Wir verfolgten von Algier aus, wie sich die Lage im Irak entwickelte. Im Juli 1979 hörten wir von dem Putsch, den Saddam Hussein gegen den Präsidenten der Republik, Ahmad Hassan Al Beker, organisierte. Saddam ließ insgesamt zweiundzwanzig Personen verhaften, hauptsächlich Mitglieder der Baath-Partei, des Revolutionsrates und der Regierung, die er anschließend erschießen ließ. Dann ernannte er sich selbst zum Präsidenten der Republik, wurde außerdem Chef der Baath-Partei und Oberster Kommandorat der Revolution. Kurz nach diesem Umsturz verstarb Ex-Präsident Al Beker, angeblich soll er krank gewesen sein.

Diese verschärfte Politik im Innern des Landes ließ keine Hoffnung auf eine Wende aufkommen. Die Hoffnung auf eine baldige Rückkehr in den Irak mussten wir aufgeben und uns auf einen längeren Aufenthalt im Ausland einstellen.

An den Universitäten und Schulen ging das Studienjahr dem Ende entgegen und wir freuten uns auf die Sommerferien. Wir hatten uns vorgenommen, endlich einmal gemeinsam in den Urlaub zu fahren. Mein Mann verdiente hier an der Universität recht gut und so planten wir, den ganzen Sommer über einige europäische Länder zu bereisen. Unsere Reiseziele waren die Städte London und Brighton, anschließend Paris und Barcelona, und zum Schluss wollten wir einige Tage auf der Insel Mallorca verbringen. Wir packten unsere Koffer und mit uns führten wir eine lange Liste, auf der aufgeführt war, was dringend im Haushalt benötigt wurde. Die Flugtickets hatten wir gekauft und so brachen wir auf in Richtung Europa.

Anfang September kehrten wir mit vielen Eindrücken und vollgepackten Koffern nach Algerien zurück. Es war eine lange und schöne Reise gewesen. Wir hatten unsere Verwandten und Freunde wieder getroffen und die Sehenswürdigkeiten und Kulturen der besuchten Länder kennen gelernt. Wir bedauerten jedoch sehr, dass wir die französische Sprache nicht beherrschten und nahmen uns deshalb vor, ab September einen Sprachkurs im französischen Kulturzentrum zu besuchen. Gleich nach der Rückkehr aus dem Ausland meldeten wir uns dort an. Langsam ging es in der neuen Sprache voran und wir freuten uns, als wir kleine, einfache Sätze bilden konnten.

Inzwischen war es hier Winter geworden und die Tagestemperaturen sanken ab. In der Küstenregion war es stets windig und regnerisch, Schnee und Frost gab es nur in den höheren Lagen des Atlasgebirges. In dieser Zeit sehnte man sich nach den warmen Sonnenstrahlen. So reifte unser Plan, im Frühling eine Reise mit dem Auto durch die Sahara zu unternehmen. Die Temperaturen in der Wüste waren tagsüber recht angenehm, aber in der Nacht konnte es empfindlich kalt werden. Ich hatte viel über die Faszination der Wüste gehört, deshalb wollten wir sie auch erleben und ihre Bewohner kennen lernen.

Die Sahara ist die größte Wüste der Erde. Sie breitet sich über mehrere Länder Nordafrikas aus. Ein großer Teil Algeriens ist mit Wüstensand bedeckt. In diesem Gebiet wurden reiche Vorkommen an Erzen und große Lager von Erdgas und Erdöl entdeckt.

Unser Reiseziel war der Ort Hassi Messaod, der in der kleinen Sahara liegt. Von Algier aus hatten wir ungefähr sechshundert Kilometer zu fahren. Ein Freund meines Mannes arbeitete dort als Ingenieur bei der staatlichen Gesellschaft für Erdölförderung und so bot sich die Gelegenheit, bei ihm und seiner Familie eine Nacht zu verbringen. Wir legten die Reiseroute fest und mit Proviant und Getränken fuhren wir los. Zunächst durchquerten wir die Ausläufer des Atlasgebirges und danach die Steinwüste, die weniger abwechslungsreich war. Die gesamte algerische Wüste besteht zu achtzig Prozent aus Stein- und nur zu zwanzig Prozent aus Sandwüste.

Nach längerer Fahrt erreichten wir endlich eine Kleinstadt, in der wir eine Pause einlegten. Direkt an der Fernstraße befanden sich kleinere Läden und Stände, die den Fernfahrern und anderen Reisenden kalte Getränke, Pfefferminztee, Kaffee und für den Hunger gegrilltes Fleisch am Spieß anboten. Wir hatten Hunger und wollten auch etwas essen, aber die Hygiene an diesem Stand ließ bei mir keinen Appetit aufkommen und so kauften wir nur kalte Getränke und aßen unsere vorbereiteten belegten Brote dazu.

Nach einer kleinen Rast fuhren wir weiter durch eine baumlose, öde Landschaft. Die Kinder wurden nach der langen Fahrt schon etwas unruhig und so erzählte mein Mann ihnen eine frei erfundene, endlos lange Geschichte. Das Landschaftsbild änderte sich und die Steinwüste wurde allmählich zu einer gelben Sandwüste. Nach mehreren Fahrtstunden erreichten wir endlich die Oasenstadt Ghardaia, in der wir eine Übernachtung geplant hatten. Schon aus einer gewissen Entfernung sahen wir die Stadt auf einer Anhöhe liegen. Auf der höchsten Stelle des Hügels ragte die Moschee mit ihrem Minarett empor.

Die Bewohner der südlichen Sahara sind Amazighen (Berber), sie sind Hirtennomaden, die von der Kamel-, Schaf- und Ziegenzucht leben. Sie haben ihre eigene Sprache und Kultur. Vom Glauben her gehören sie einer Sekte namens Abadhia an, die sich in der Zeit um 660 n. Chr. vom Islam abspaltete. Sie betrachten sich selbst als Gläubige des Islams, werden jedoch von den anderen Moslems als Ketzer angesehen.

Wir erreichten nun die ersten Häuser am Stadtrand, die sich farblich vom Wüstensand kaum unterschieden. Als wir uns dann dem Stadtzentrum näherten, waren die Häuser vorwiegend mit hellblauer und weißer Farbe gestrichen. In den Gärten der Häuser blühten die Bougainvillean, die über die Gartenmauer ragten und der Wüstenstadt einen Farbtupfer verliehen. Auch Dattelpalmen gediehen hier. Das heiße Klima in der Wüste begünstigte ihre Reife. Als wir uns nach einem Hotel erkundigten, empfahl man uns ein sehr modernes mit Swimmingpool. Dort stärkten wir uns, erfrischten uns im Swimmingpool und gingen anschließend in die Altstadt.

Die Straßen waren hier mit einer dicken Sandschicht bedeckt. Auf dem Markt herrschte ein reges Treiben, in dem die Händler ihre Waren feilboten. Unter den Einheimischen fielen mir besonders die Männer auf, denn sie hatten ihre Gesichter mit einem dünnen Baumwolltuch verschleierten. Ein Teil des Tuches wurde zum Turban gebunden, während der andere Teil das Gesicht bedeckte. Nur die Augen waren zu sehen. Dieses Tuch diente zum Schutz gegen den Sandsturm. Die Bekleidung der Männer bestand aus langen, indigoblauen Baumwollhemden und langen Hosen. Die blaue Farbe schien hier eine besondere Bedeutung zu haben.

Wir begegneten auch Frauen des Tuareg-Stammes, die unverschleiert waren. Dann folgten wir dem Strom der Einheimischen, der uns durch enge Gassen zu einem Basar führte. Hier wurde handgearbeiteter, traditioneller Silberschmuck angeboten. Die Frauen lieben hier schwere Halsketten, Ohrgehänge und Broschen aus Silber.

Anschließend besuchten wir den Teppichbasar mit seinen handgewebten Teppichen und Läufern in den traditionellen Farben und Mustern. Sie gefielen uns so gut in ihren leuchtenden Farben, dass wir, nachdem mein Mann den Preis ausgehandelt hatte, zwei Wandteppiche aus Wolle erstanden.

Am nächsten Tag setzten wir unsere Reise fort. Mit hoher Geschwindigkeit brausten wir über die endlos lange Asphaltstraße. Viele große Laster waren unterwegs, die wir überholten. Rechts und links türmten sich die rötlich-gelben Sanddünen, deren Oberfläche wellenförmig verlief. Der Wind spielte mit ihnen und veränderte ständig ihr Aussehen.

Nach einigen Stunden erreichten wir unser Ziel, den Ort Hassi Messaoud. Die Familie empfing uns sehr herzlich in ihrem gemütlichen Haus, das von hohen Sanddünen umgeben war.

Für sie gab es hier außer der täglichen Arbeit bei der Erdölförderung wenig Abwechslung. Deshalb freuten sie sich besonders über unseren Besuch. Wir verbrachten einen angenehmen Abend bei einem guten Essen und Unterhaltung, wobei es stets um die Lage im Irak und den Krieg gegen Iran ging.

Am nächsten Tag erkundeten wir die nähere Umgebung und bestiegen barfuß die großen Sanddünen. Die Kinder hatten an dem feinen, orangefarbenen Sand ihren besonderen Spaß.

Danach begaben wir uns auf die Rückreise. Wir wählten eine andere Strecke, um weitere Städte wie Annabe und Constantine sowie die Schönheit der Küstenregion kennen zu lernen. Die Rückfahrt ging durch die Berge und hier begegneten wir einem Jungen im Alter von etwa zehn Jahren mit seinem Esel.

Mein Mann hielt an, denn er hatte die Idee, unsere beiden Kinder auf dem Esel zu fotografieren. Bevor der Junge jedoch sein Einverständnis für ein Foto gab, verlangte er etwas Geld. Ganz zufrieden über sein Geschäft ritt er anschließend auf seinem Esel davon und wir fuhren weiter in Richtung Algier.

Nicht weit von Algier, ungefähr 120 Kilometer entfernt, liegt in den Bergen die Stadt Tizi Ouzou, in der sich das Zentrum der Amazighen (Berber) befindet. Im Gebirge des Küstenatlas wohnen vorwiegend die Gebirgsbauern, die in der Landwirtschaft und im Obstanbau tätig sind. Die Bewohner der Sahara sind vom selben Stamm und haben eine gemeinsame Sprache und Kultur. Der algerische Staat hat jedoch versucht, diesen Stamm zu arabisieren und führte als Arabisch Amtsprache ein. Daraufhin wurde in den Schulen die arabische und die französische Sprache gelehrt. Seit geraumer Zeit forderte dieser Stamm schon die Anerkennung seiner eigenen Sprache und Kultur. Während unseres Aufenthalts gab es bereits Unstimmigkeiten zwischen dem Stamm und der Regierung, denn die Regierung wollte die Rechte der Amazighen, ihre Sprache und Kultur, nicht anerkennen, obwohl die Amazighen die Ureinwohner Algeriens sind und die Mehrheit der Bevölkerung des Landes stellen.

Wir verfolgten ständig die neuesten Nachrichten aus dem Irak und hofften auf eine Wende, aber die Situation verschärfte sich von Tag zu Tag. Saddam Hussein und seine Clique zwangen sogar Kommunisten, Demokraten, Religiöse und Andersdenkende, ihre Weltanschauung abzulegen und der Baath-Partei beizutreten. Wer sich weigerte, wurde verfolgt, verhaftet und sogar zu Tode gefoltert. Viele traten der Baath-Partei bei, um der Folter zu entgehen und ihren Arbeitsplatz zu behalten.

Anfang 1980 begann Saddam über 500 000 Irakerinnen und Iraker an die Grenze zu Iran zu deportieren. Man begründete die Abschiebung damit, dass es sich um Iraker mit angeblich persischer Abstammung handele. Unter ihnen war auch die Familie von Kadhims Schwester. Sie und viele andere wurden über Nacht per Lastkraftwagen abtransportiert, ihr Hab und Gut mussten sie zurücklassen.

Auch die Fehli-Kurden, die an der Grenze zum Iran beheimatet sind, wurden nach dem Iran abgeschoben.

Im selben Jahr führte Saddam Krieg gegen Iran, der erst nach acht Jahren beendete wurde. Er kostet auf beiden Seiten mehr als einer Million Menschen das Leben. Hinzu kam noch, dass das irakische Regime auch gegen das kurdische Volk Krieg führte und dabei entsetzliche Massaker unter der Bevölkerung anrichtete.

Für uns bestätigte sich immer wieder, dass wir uns aufgrund der katastrophalen Lage im Irak auf einen längeren Aufenthalt im Ausland einrichten mussten.

Inzwischen war ein weiteres Studienjahr zu Ende gegangen und die Semesterferien standen bevor. Auch in diesem Jahr beabsichtigten wir, in den Ferien ins Ausland zu reisen. Unsere Reiseroute führte uns dieses Mal nach Italien, in die Städte Rom, Venedig und Florenz, und anschließend in die DDR. Wir wollten auch eine Zeit bei meiner Familie in Thüringen verbringen. Unsere letzte Station, bevor wir nach Algier zurückflogen, war Lissabon. Auch bei dieser Reise lernten wir die Menschen verschiedener Länder und ihre Kulturen kennen. Natürlich brachten wir wieder etwas mit und vervollständigten so schrittweise unseren Haushalt in Algier.

Es war Ende Oktober 1980, als an einem Freitag die Erde in Algier zu beben begann. Die Menschen waren fast alle zu Hause, denn es war Mittagszeit. Die Kinder spielten gerade auf der Straße und mein Mann und ich hielten uns in der Wohnung auf, als sich plötzlich der große Kupferteller an der Wand bewegte, die Fensterscheiben klirrten und das ganze Zimmer zu wanken begann. Das konnte nur ein Erdbeben sein. So wie wir waren, rannten wir vom vierten Stock auf die Straße, wo wir die aufgeregten Bewohner aus den Nachbarhäusern antrafen. Einige waren noch mit ihrer Nachtwäsche bekleidet. Ihre Gesichter waren von panischer Angst gezeichnet. Auch ich war erregt und zitterte am ganzen Leib. Wir blieben eine Zeitlang im Freien auf der Straße und kehrten dann für kurze Zeit in unsere Wohnung zurück, um einige Sachen zu holen. Wir hatten vor, den Tag in freier Natur, in Ben Aknun, zu verbringen, denn in gewissen Abständen wiederholten sich die Erdstöße. In diesem Park, wo es keine hohen Häuser gab, fühlten wir uns sicher. Mittlerweile wurde es aber langsam dunkel und wir mussten wieder in unsere Wohnung zurück. Mit Grauen dachte ich dabei an die bevorstehende Nacht.

Unterwegs trafen wir viele Leute, die sich im Freien auf einer Decke niedergelassen hatten. Andere verbrachten die Nacht im Auto. Abends und bis spät in die Nacht hinein wiederholten sich in kurzen Zeitabständen die leichten Erdstöße. Am nächsten Tag erfuhren wir aus dem Fernsehen, dass das Epizentrum des Bebens etwa 100 Kilometer von hier entfernt, in der Stadt Asnam, gelegen und eine Stärke von 7,4 auf der Richterskala erreicht hatte.

In Algier wurden an mehreren Gebäuden Risse festgestellt, Einsturzgefahr bestand jedoch nicht. Doch es vergingen ungefähr zwei Wochen, bis sich die Erde langsam beruhigt hatte. Im Fernsehen wurde das grauenvolle Ausmaß des Bebens gezeigt. Asnam war völlig zerstört. Man sprach von zwölftausend Toten und vielen Verletzten. Die Überlebenden der Stadt waren nun mittellos, sie hatten alles verloren.

Das Beben hatte tiefe und breite Gräben durch die Landschaft gezogen und dabei Häuser und Autos in die Tiefe gerissen. Einige Straßen waren unterbrochen und der Zugang zur Stadt Asnam war zum Teil abgeschnitten. Im In- und Ausland wurde zur Solidarität mit den Opfern des Erdbebens aufgerufen. In der Bevölkerung Algeriens war die Spendenbereitschaft sehr groß. Auch wir beteiligten uns mit Geld- und Sachspenden.

Die Zufahrt zur Stadt Asnam war wegen der Rettungsaktion zunächst für alle Personen gesperrt. Erst nach ungefähr vierzehn Tagen war es wieder erlaubt, die Stadt zu besuchen. Wir wollten uns die Auswirkungen des Erdbebens ansehen und gleichzeitig einer irakischen Familie, die dort wohnte, einen Besuch abstatten. Wie wir erfuhren, hatten sie sich zum Zeitpunkt des Bebens nicht in der Stadt aufgehalten, sie waren selbst also unversehrt, aber durch den Einsturz ihres Wohnhauses hatten sie alles verloren.

Als wir nach Asnam fuhren, war das Wetter nicht angenehm, denn es war herbstlich kühl und regnerisch. Wir liefen durch die Straßen und erblickten nur noch Ruinen, die von den einstmals modernen Häusern übrig geblieben waren. Ganz in der Nähe ragten von den vierstöckigen Häusern nur noch die beiden oberen Stockwerke heraus, während die unteren in der Erde versunken waren. Das erst kürzlich neu erbaute Hotel glich einem Trümmerberg. Nur ältere Häuser waren zum Teil stehen geblieben, aber die Risse in Wänden und Decken waren so breit, dass sie bei einer weiteren leichten Erschütterung sofort zusammenfallen würden. Die Stadt Asnam glich einer Geisterstadt. Für die Überlebenden wurde provisorisch am Rande der Stadt ein Zeltlager errichtet. Ich empfand großes Mitleid mit den Zeltbewohnern, denn es fehlte ihnen an warmer Kleidung und Schuhwerk. Für dieses nasskalte Wetter waren sie alle zu leicht bekleidet. Barfuß in Sommersandalen wateten sie durch die aufgeweichten glitschigen Wege zu ihren Zelten.

Bereits im Jahr 1716 hatte sich in der Hauptstadt Algeriens ein starkes Erdbeben ereignet, welches die Stadt völlig zerstörte. Dieses furchtbar erlebte Ereignis beunruhigte mich sehr, denn es konnte sich ja wiederholen. Ich fühlte mich von nun an nicht mehr sicher in dieser Stadt.

Es war wieder Juni geworden und abermals ging ein Studienjahr zu Ende. Mein Mann beabsichtigte nicht mehr weiter an der Universität zu lehren, sondern er wollte in das irakische Kurdistan gehen und als Partisan gegen das Saddam-Regime kämpfen.

In dieser Zeit trafen aus dem In- und Ausland Tausende Demokraten, unter ihnen waren Kurden, Araber und andere Nationalitäten, im irakischen Kurdistan ein, um gemeinsam mit den Kurden gegen das irakische Militär zu kämpfen. Die Partisanen wurden in ihrem Kampf voll und ganz durch die kurdische Bevölkerung unterstützt.

Der Plan meines Mannes, in Kurdistan zu kämpfen, versetzte mir einen Schock, denn das bedeutete für uns eine Trennung auf längere Zeit. Hinzu kam, dass sein Leben in Kurdistan ständigen Gefahren ausgesetzt sein würde. Ich war so aufgewühlt und in meinem Inneren sträubte sich alles gegen sein Vorhaben. Aber er war von seinem Plan nicht abzubringen. Ich hatte also keine andere Wahl, als mit den Kindern in die DDR überzusiedeln. Natürlich hätte ich auch die Möglichkeit gehabt, von Algerien aus direkt nach West-Berlin zu fliegen, wie es einige meiner Bekannten taten. Aber ich wählte meine Heimat, die DDR, wo auch meine Familie lebte.

Nun packten wir unsere Koffer und am nächsten Tag trennten sich unsere Wege. Wir nahmen Abschied voneinander und wussten nicht, wann und ob wir uns je wieder sehen würden. Unsere Wohnung in Algier würde ein guter Freund für uns auflösen. Traurig und mit schwerem Herzen flog ich mit den Kindern und einigen Gepäckstücken nach Berlin.

## Rückkehr in die DDR

Dreizehn Jahre hatte ich im Ausland verbracht und nun kehrte ich zu meinen Wurzeln in die DDR wieder zurück.

Ich kam mit den Kindern und einigen Koffern auf dem Flughafen Berlin-Schönefeld an. Für mich war eine Welt zusammengebrochen. Zuerst die Trennung von meinem Mann für eine unbestimmte Zeit und nun die Rückkehr in die DDR, die mit einem Neuanfang und sicherlich mit vielen Problemen verbunden sein würde.

Nachdem wir mit unserem Gepäck die Zollkontrolle passiert hatten, fuhren wir mit dem Zug nach Thüringen. Auf dem Bahnsteig in Weimar wurden wir bereits von meinem Vater erwartet. Gleich am nächsten Tag meldete ich uns, wie bei den vorherigen Besuchen, bei der Polizei als Besucher an. Ich wollte verhindern, dass man uns direkt in das Aufnahmelager für Rücksiedler abschob. Deshalb informierte ich den Polizeibeamten erst kurz vor Ablauf meines Besuchervisums, dass ich mit den Kindern nicht mehr nach Algerien zurückfliegen würde. Ich erklärte ihm, dass ich beabsichtigte, mit den Kindern in der DDR zu bleiben. Daraufhin galt ich als Rücksiedlerin und bekam schon nach einigen Tagen die Nachricht, ich hätte mich umgehend im Aufnahmelager in Biesenthal bei Berlin zu melden.

Nach Biesenthal reiste ich allein. Das Lager war von einer großen, hohen Mauer umgeben, die mir Angst einflößte. Ich wusste ja, dass hier das Auffanglager für Rückkehrer war. Sie wurden für eine längere Zeit hier untergebracht und mussten sich währenddessen einer Gehirnwäsche unterziehen.

Das Tor wurde geöffnet und ein Beamter in Uniform empfing mich. Nach einem ausgiebigen Gespräch konnte ich das Lager wieder verlassen. Es dauerte nur wenige Tage und ich erhielt ein Telegramm mit der Nachricht, dass uns ein Personenwagen nach Berlin bringen würde.

Ende August 1981 wurden wir mit dem Auto abgeholt und nach Berlin gebracht. Ich war ein wenig aufgeregt, denn ich wusste nicht, wohin wir in Berlin gebracht würden. Unterwegs erzählte mir der Beamte in Zivil, dass wir nach Berlin-Marzahn fahren würden. Nach einigen Stunden Fahrtzeit hielt das Auto endlich vor einem Heim des Magistrats an. Der Heimleiter begrüßte uns und übergab mir den Schlüssel zu einer eingerichteten Wohnung, in der wir, bis alles geregelt sei, wohnen sollten.

Am nächsten Tag wurde ich über die Hausordnung informiert. Besuche durften wir, wegen der Gefährdung der Sicherheit, hier nicht empfangen. Auch der Kontakt mit den anderen Heimbewohnern war nicht gewünscht. In der Eingangshalle lag ein Hausbuch aus, in das jeder Heimbewohner einzutragen hatte, wann er das Haus verließ, mit Uhrzeit und der Angabe des Ortes sowie die Uhr Zeit seiner Rückkehr.

Wir hielten uns strikt an die Hausordnung und so verlief der Aufenthalt problemlos. Vom Staat erhielten wir ein kleines Tagesgeld, das nur für die Verpflegung bestimmt war.

Die Kinder wurden am 1. September eingeschult. Ganz in der Nähe unseres Wohnheimes befand sich ihre Grundschule. Samer wurde in die fünfte und Yasmin in die vierte Klasse eingestuft. Da beide vorher eine arabische Schule besucht hatten, besaßen sie nur einen begrenzten Wortschatz in der deutschen Sprache. Anfangs hatten daher beide große Schwierigkeiten im Unterricht und so flossen zu Hause auch manchmal Tränen. In dieser Zeit waren sie ganz besonders auf meine Hilfe angewiesen und ich versuchte, täglich mit ihnen zu lesen, kleine Diktate zu schreiben und ihnen bei den Hausaufgaben behilflich zu sein. Von ihren Mitschülern wurden beide Kinder gut aufgenommen und sie schlossen sehr schnell mit ihnen Freundschaft. Jedoch durften sie ihre Schulfreunde nicht in unserer Wohnung empfangen, da der Heimleiter es ihnen untersagte.

Eines Tages, es war im Oktober, stand ganz unverhofft Kadhim vor der Tür unseres Heimes. Er wollte an einer Konferenz in Berlin teilnehmen und nutzte die Gelegenheit, uns zu sehen. Wir freuten uns sehr über seinen überraschenden Besuch, aber wir durften ihn, auch nach Rücksprache mit dem Heimleiter, nicht hereinbitten. So konnten wir uns nur außerhalb des Heimes treffen. Ich habe nie verstanden, wie man so unmenschlich sein konnte, dem Ehemann und Vater der Kinder den Eintritt zu verwehren.

Unser Aufenthalt im Heim ging glücklicherweise seinem Ende entgegen. Ende Oktober erhielt ich meinen Personalausweis und kurz darauf wurde mir durch das Wohnungsamt eine Dreizimmerwohnung angeboten, die ganz in der Nähe lag.

Nun begann ich zum vierten Male eine Wohnung einzurichten. Die kleinen Dinge für den Haushalt hatte ich nach und nach gekauft. Ich richtete die neue Wohnung entsprechend unseren finanziellen Möglichkeiten ein und schaffte nur das Notwendigste an Möbelstücken an. Zur Unterstützung erhielt ich vom Staat einen Kredit über dreitausend Mark der DDR, den ich später zurückzuzahlen hatte. Eine Art Sozialhilfe wurde in der DDR nicht gezahlt, da es offiziell keine Bedürftigen und Arbeitslosen gab. Ich erhielt nur ein monatliches Kindergeld über insgesamt vierzig Mark. So blieb mir nichts anderes übrig, als von unseren Ersparnissen zu leben.

Nachdem ich nun im Besitz eines Personalausweises und einer Wohnung war, konnte ich mich nach einer Arbeit umsehen. Ich wollte wieder eine Bürotätigkeit aufnehmen, beabsichtigte jedoch nur eine Teilzeit-Beschäftigung, da ich die Kinder bei ihren schulischen Problemen unterstützen wollte.

Ich nahm sofort Kontakt mit meinen ehemaligen Kollegen im Außenhandel auf, machte jedoch die schmerzliche Erfahrung, dass ich dort nicht willkommen war. Obwohl sie mich gut kannten, durften sie mich nicht einstellen.

Dann suchte ich verschiedene staatliche Institutionen auf und bewarb mich auch schriftlich, aber erhielt stets eine Ablehnung. Später erfuhr ich, dass meine Heirat mit einem Ausländer und der lange Aufenthalt in einem kapitalistischen Land stets der Grund für die Ablehnung war. Unter den damals geltenden internen Rechts- und Verwaltungsvorschriften war es den staatlichen Stellen untersagt, mit Ausländern verheiratete DDR-Bürger einzustellen.

Ich war sehr enttäuscht, wie sich die Politik der DDR in den letzten Jahren entwickelt hatte. Beispielsweise gab es in diesem sozialistischen Land keinerlei Informationen darüber, dass seit 1979 Demokraten und Kommunisten im Irak verfolgt wurden. Während die westdeutschen Medien darüber berichteten, schwieg die DDR-Regierung. Die Führung der SED unterstützte sogar das Baath-Regime im Irak, indem sie die Kader der Baath-Partei und des irakischen Innenministeriums in verschiedenen Städten der DDR, darunter auch in Weimar, zu Agenten ausbildete.

Ich konnte auch nicht verstehen, dass ich mit einer Spionin gleichgesetzt wurde, nur weil ich mit einem Ausländer verheiratet war und mehrere Jahre im Ausland gelebt hatte. Stets hatte ich mich mit der DDR verbunden gefühlt, da ich hier aufgewachsen und auch im Sinne der DDR erzogen worden war.

Dieser Ungerechtigkeit, die mir bei der Arbeitssuche widerfahren war, begegnete ich auch im Privatleben. Eines Tages traf ich nach langer Zeit zufällig in Berlin-Mitte eine ehemalige Schulfreundin, zu der ich vor meiner Ausreise nach dem Irak freundschaftliche Beziehungen hatte. Ich freute mich sehr über das Wiedersehen und wollte mich mit ihr unterhalten. Sie sagte mir aber ohne große Umschweife, dass sie keinen Kontakt zu mir haben dürfe, da ihr Ehemann als Handelsvertreter der DDR in einem kapitalistischen Land tätig sei und ein Treffen mit mir die Position ihres Mannes gefährden könne.

Daraufhin verabschiedete ich mich von ihr und ging meines Weges. Es stimmte mich arg traurig, dass sie sich auf Grund der Politik des Staates von mir abzuwenden hatte.

Nach so vielen Ablehnungen gab ich schließlich die Suche nach einer Tätigkeit auf und beschloss, mich weiterhin mit den Kindern zu befassen und sie beim Lernen zu unterstützen.

Nachdem ein Jahr vergangen war, erfuhr ich durch Bekannte von einem externen Sprachstudium der arabischen Sprache an der Humboldt-Universität. Ich interessierte mich immer noch für diese Sprache und so schrieb ich mich für das Fach ein. Ich verbrachte die Zeit nun mit Lernen und das half mir, über die Jahre des Alleinseins hinwegzukommen. Nach drei Jahren legte ich dann die Sprachkundigenprüfung ab.

Das Leben ohne meinen Mann war für mich schwer, auch die Kinder vermissten ihren Vater sehr. Sobald ein Brief von ihm eintraf, wussten wir, er lebte und es ging ihm einigermaßen gut. Erst Ende 1984 kehrte er aus dem irakischen Kurdistan wieder zu uns zurück, er hatte gesundheitliche Probleme. Die Freude über das Wiedersehen war sehr groß und ich war erleichtert, dass die Zeit der Ungewissheit nun ein Ende hatte. Jedoch blieb mein Mann nicht in Berlin, da er in Prag einen Arbeitsvertrag mit der internationalen Zeitschrift „Die Zeit“ hatte, wo er Redaktionsmitglied war. In Prag wurde ihm auch eine große, eingerichtete Wohnung für die gesamte Familie zur Verfügung gestellt, doch wir beschlossen, wegen der Ausbildung der Kinder weiterhin in Berlin zu bleiben. So führten wir eine Art Wochenendehe und pendelten zwischen beiden Städten. Sobald die Kinder Schulferien hatten, verbrachten wir die ganze Zeit in der „Goldenen Stadt".

Im Sommer 1985 verbrachten wir beide unseren Urlaub in der Sowjetunion. Die Kinder waren während dieser Zeit in einem Ferienlager in der CSSR untergebracht. Es war meine erste Reise in dieses Land. Wir flogen nach Jalta auf der Halbinsel Krim, wo wir Gäste des Maxim-Gorki-Sanatoriums waren. Das Sanatorium lag außerhalb von Jalta, am Fuße des Krimgebirges, und war von einem großen, gepflegten Garten umgeben. Von hier aus hatten wir einen wunderbaren Blick auf das Schwarze Meer. Wir genossen die Zeit in diesem Sanatorium, in dem sich Männer und Frauen aus den verschiedenen Sowjetrepubliken und auch ausländische Gäste erholten.

Dort machten wir auch die Bekanntschaft mit dem Astronauten Juri W. Malischew und seiner Frau. Er schenkte mir, da ich während unseres Aufenthaltes Geburtstag hatte, ein Buch mit Widmung über sein Leben als Kosmonaut. Vom Sanatorium aus besuchten wir viele Sehenswürdigkeiten in Jalta und Umgebung. Die Zeit verging zu rasch und wir mussten schon bald wieder Abschied nehmen. Gut erholt und mit vielen schönen Erinnerungen kehrten wir zurück. In Prag jedoch trennten sich unsere Wege wieder, denn ich fuhr mit den Kindern wieder nach Berlin.

Anfang des Jahres 1986 wurde mein Mann von Irakern, die in den USA lebten, zu Vorträgen in verschiedenen Städten der USA eingeladen. Das Interesse galt der politischen Lage im Irak und dem Partisanenkampf im irakischen Kurdistan gegen das Saddam-Regime.

Auf Grund der Politik des irakischen Regimes waren zu Beginn der achtziger Jahre viele Iraker mit ihren Familien in die USA geflüchtet. Es war ungefähr eine Viertelmillion Menschen, vorwiegend Intellektuelle, die sich in den Bundesstaaten Michigan und Kalifornien angesiedelt hatten. Unter ihnen waren zum größten Teil Christen, aber auch Araber und Kurden.

Ich wurde natürlich mit eingeladen und es reizte mich schon, die USA kennen zu lernen, aber die Kinder konnten wir leider nicht mitnehmen. Zunächst benötigte ich die Genehmigung zur Ausreise. Als DDR-Bürger bekam man für eine Privatreise in ein kapitalistisches Land generell keine Ausreisegenehmigung; nur Rentnern war das möglich. Da ich aber mit einem Ausländer verheiratet war, hatte ich diesbezüglich gewisse Privilegien und konnte mit meinem Mann in die USA reisen.

Zunächst beantragten wir in der Botschaft der USA in Berlin für uns beide ein Visum. Als wir das Botschaftsgebäude verließen, bemerkten wir bald, dass ein Polizist uns verfolgte und mit schnellen Schritten versuchte, uns einzuholen. An der Kreuzung der Straße Unter den Linden sprach er uns an. Er verlangte unsere Ausweise und fragte nach Namen, Geburtsdatum und Adresse, obwohl ihm die Personalien vorlagen. Er beabsichtigte damit, die Daten auf seinen Recorder zu speichern.

Die Staatssicherheit reagierte auf unseren Botschaftsbesuch sehr schnell, denn sie schickte mir eines Tages einen ihrer Mitarbeiter nach Hause. Ich kam gerade vom Einkaufen zurück und bog in unsere Straße ein, da fiel mir ein junger Mann mit schwarzer Lederjacke auf, der auf jemanden zu warten schien. Kurz nachdem ich die Wohnung betreten hatte, klingelte es und derselbe Mann stand vor meiner Wohnungstür. Er entschuldigte sich für die Störung und fragte mich, ob es in unserem Haus Jugendkriminalität gäbe. Mir war natürlich bewusst, dass das nicht der Grund für seinen Besuch war, sondern nur ein Vorwand, um einen Blick in unsere Wohnung werfen zu können.

Doch schließlich hatte ich die Ausreisegenehmigung erhalten und für uns beide lag das Visum für die USA vor. So flogen wir Anfang April nach Detroit, wo der erste Vortrag meines Mannes stattfinden sollte. In einem Vorort von Detroit, in dem die Wohlhabenden wohnten, waren wir bei guten Freunden untergebracht. Die Einfamilienhäuser waren sehr schön und wirkten sehr massiv, obwohl sie nur aus Holz gebaut waren. Die Gärten waren gepflegt und ohne jeglichen Zaun. Als wir ankamen, war das Wetter ähnlich wie in Deutschland, es war Frühling.

Zunächst unternahmen wir eine Rundfahrt, um die Stadt kennen zu lernen. Sehenswürdigkeiten waren in Detroit weniger zu finden, denn es war und ist heute noch eine Industriestadt, in der die großen Automobilwerke von Ford, Chrysler und General Motors ansässig sind.

Ich sah die Wohnviertel der Reichen und es interessierte mich, wie die schwarze Bevölkerung in ihrem Ghetto lebte. Daraufhin fuhr meine Bekannte mit mir in eines dieser Viertel. Sie sagte mir, es wäre besser, mit geschlossenen Fenstern zu fahren und nicht anzuhalten. Wir fuhren in Seitenstraßen hinein, die zum Teil unbefestigt waren. Die Häuser waren aus einfachem Holz gefertigt und farbig angestrichen. Fast jedes Haus hatte eine Veranda, auf der es sich die Leute bequem machten. Hier wohnten also die Armen, sicherlich gab es noch ärmere Viertel als dieses hier. Ohne jeglichen Zwischenfall erreichten wir wieder die Hauptstraße. Die Angst meiner Begleiterin war natürlich berechtigt, denn wir durchfuhren dieses Armenviertel mit einem schönen großen Wagen und gehörten zu den Weißen. Hinzu kam noch, dass diese Stadt die höchste Kriminalitätsrate der USA aufwies.

Am Abend sollte der erste Vortrag meines Mannes stattfinden. Als wir die Wohnung verließen, lief der Fernseher weiter und das Licht wurde wegen Einbruchgefahr nicht ausschaltet. Wir erreichten den Ort der Veranstaltung, an dem sich viele Iraker eingefunden hatten, die Näheres über die Lage und den Partisanenkampf hören wollten. Auch hier wurden gewisse Sicherheitsvorkehrungen getroffen, damit es zu keiner Auseinandersetzung mit den Saddam-Anhängern kam.

Am nächsten Tag fuhren wir mit dem Auto nach Chicago. Schon aus einer gewissen Entfernung sahen wir die Silhouette der Wolkenkratzer. Chicago ist eine Metropole, die mich sehr beeindruckte. Vom höchsten Gebäude der Welt, dem Sears Tower mit einer Höhe von 442 Metern, hatten wir einen wunderbaren Blick auf die gesamte Stadt und den Michigan-See. Am Abend fand ein weiterer Vortrag meines Mannes statt. Für den folgenden Tag war noch der Besuch einiger Sehenswürdigkeiten geplant, bevor wir Chicago wieder verließen, um nach Detroit zurückzufahren.

Von Detroit aus ging unser nächster Flug in Richtung Westen. Einen Direktflug nach San Diego gab es nicht, und so mussten wir nach einigen Flugstunden noch einmal zwischenlanden. Nach kurzer Zeit sollte die Maschine wieder starten, aber es gab einen

Pilotenstreik und so saßen wir mehrere Stunden hier fest. Mit viel Verspätung trafen wir in San Diego ein.

Wir befanden uns nun im sonnigen Kalifornien, am Stillen Ozean und ich genoss die warmen Temperaturen. Hier hielten wir uns einige Tage auf und hatten Zeit, uns die schöne Stadt mit ihrer herrlichen Umgebung anzusehen. Mein Mann hatte am Abend seinen letzten Vortrag zu halten und konnte sich danach auf der weiteren Reise etwas entspannen.

Am nächsten Tag fuhren wir mit Freunden per Auto nach Los Angeles. Wir besichtigten die Stadt und spazierten auf dem berühmten Sunset Boulevard, wo Schauspieler und Sänger verewigt sind. Anschließend besuchten wir die Filmstadt Hollywood, die ganz in der Nähe liegt. Es war interessant, einmal hinter die Filmkulissen schauen zu können und dabei etwas über die Tricks der Filmindustrie zu erfahren.

Dann fuhren wir wieder zurück nach San Diego, denn wir beabsichtigten, von hier aus nach Washington zu fliegen. Ein Freund meines Mannes erwartete uns bereits am Flughafen in Washington. Er hatte für uns ein sehr umfangreiches Programm zusammengestellt, damit wir möglichst viel von der Hauptstadt sehen konnten. Gleich am Morgen des nächsten Tages begannen wir die einzelnen Stationen „abzuarbeiten". Wir nahmen beispielsweise an einer Führung durch das Weiße Haus teil, besuchten das Capitol, das UNO-Gebäude und einige Museen.

Den Abend vor unserer Abreise verbrachten wir in einem Tanzlokal, das außerhalb von Washington lag. Hier erlebte ich einen Tanzabend mit Countrymusic, wie ich ihn nur aus Szenen amerikanischer Filme kannte. Die Band spielte auf der Bühne und die Einheimischen, bekleidet in Jeans, Cowboystiefeln und Cowboyhut, tanzten nach der Countrymusic. Es herrschte hier eine sehr lockere Atmosphäre; auch die Kellnerin hatte uns gleich sehr vertraut mit „Hi Fox" begrüßt. Es war ein lustiger Abend.

Am nächsten Tag flogen wir nach New York, der letzten Station unserer Rundreise. Hier sollten wir bei einem Freund im Stadtteil Harlem wohnen. Ich hatte zwar schon einiges über diesen Stadtteil gehört, aber es war nur Negatives. Die Wohnung unseres Freundes lag im letzten Stockwerk, in der fünften Etage. Da es keinen Fahrstuhl gab, mussten wir unsere vielen Gepäckstücke nach oben tragen. Nach Mitternacht läutete plötzlich die Alarmglocke. Ich dachte gleich an einen Feuerausbruch und fragte mich, wie wir mit dem vielen Gepäck aus diesem Gebäude kommen sollten. Ein Gefühl der Angst überkam mich. Alle waren wir aufgeregt und wussten nicht, was der Grund für die Alarmauslösung war. Auf der Etage ließ sich auch keiner der Nachbarn sehen, sie hatten sicherlich Angst und blieben in ihren Wohnungen. Unser Freund suchte dann den Hauswart auf und dieser meinte, dass vielleicht jemand aus dem Nachbarhaus versucht hätte, die verschlossene Verbindungstür im fünften Stock, in dem wir wohnten, aufzubrechen. Dieser Vorfall ist in Harlem sicherlich alltäglich und für seine Bewohner weniger aufregend.

Den kommenden Tag verbrachten wir dann mit einigen Freunden im Zentrum New Yorks. Wir besuchten zunächst Manhattan, die gigantische Stadt mit ihren Wolkenkratzern, und spazierten bis zur Südspitze, um von hier aus die berühmte Freiheitsstatue zu sehen. Sehr interessant war auch der Broadway mit seinen eleganten Geschäften. Hier wurde man mit Reichtum und Wohlstand, aber gleichzeitig auch mit Armut konfrontiert. Ich sah beispielsweise abends, wie die Armen auf einer Parkbank unter einer Plastikfolie übernachteten. Andere schliefen zusammengerollt auf einer Pappe am Eingang eines Geschäftes. Ihr Hab und Gut passte in eine Nylontüte, die sie stets bei sich trugen.

Zwischen der 42. und 46. Straße begegneten wir jungen Männern, die uns im Flüsterton Drogen anboten. Ich kannte zwar die Armut aus den arabischen Ländern, aber Obdachlose, die auf der Straße vegetierten, hatte ich in den USA nicht erwartet. Zum Abschied luden uns unsere Freunde zu einem chinesischen Essen in Chinatown ein. Es war unser letzter Abend unseres Amerika-Aufenthaltes, denn am nächsten Tag flogen wir zurück nach Berlin.

Nach der Rückkehr von dieser interessanten und schönen, aber auch sehr aufregenden Reise schätzte ich die Sicherheit und Geborgenheit in der DDR besonders.

Es war im Jahr 1987, als ein älterer Herr vor unserer Wohnungstür in Berlin auftauchte und mir seinen Ausweis vom Ministerium des Innern vorlegte. Er begründete seinen Besuch damit, dass er mich in seiner Kartei als Rücksiedlerin führen würde und mir einige Fragen zu meiner Wiedereingliederung stellen wollte. Ich war über diesen Besuch ein wenig erstaunt, glaubte aber verpflichtet zu sein, ihm Rede und Antwort zu stehen. Deshalb bat ich ihn, in die Wohnung einzutreten.

Die arabische Gastfreundschaft kam bei mir durch und so bot ich dem Gast Kaffee an. Während er mir Fragen über die Beweggründe unserer Ausreise aus dem Irak bzw. Algerien stellte, machte er sich reichlich Notizen. Später kam er auf die Integration zu sprechen, wobei ich auf die Probleme bei der Arbeitssuche hinwies, mit denen ich als Rücksiedlerin ständig konfrontiert wurde. Es fiel mir während des Gesprächs besonders auf, dass er sich nicht nur für mich, sondern auch für meinen Mann interessierte. Als er sich dann verabschiedete, bat er um ein eventuell weiteres Treffen, falls sich noch Fragen ergeben sollten.

Nach diesem Besuch führte ich sofort ein Telefongespräch mit meinem Mann in Prag. Er war sehr verärgert und bat mich, ein weiteres Treffen abzulehnen. Er erklärte mir, dass diese Person ein Mitarbeiter der Staatssicherheit gewesen sei und mich als Informantin werben wollte.

Daraufhin setzte sich mein Mann mit den verantwortlichen Mitarbeitern der SED in der Botschaft der DDR in Prag in Verbindung und protestierte gegen die Vorgehensweise der Stasi. Er drohte ihnen damit, meinen Fall an die Öffentlichkeit zu bringen, falls die Stasi die Besuche bei mir nicht einstellen sollte. Der Kontakt wurde aufgrund dessen abgebrochen.

Die Kinder wuchsen heran und hatten sich an das Leben in der DDR gewöhnt. Sie waren völlig integriert und sahen die DDR als ihre Heimat an. Mit den Jahren hatten sie auch ihre Sprachprobleme überwunden und zeigten in der Grund- und später in der Oberschule gute Leistungen. Ich hielt sie stets zum Lernen an, denn ich war sehr daran interessiert, dass die Kinder ein Studium an einer Universität aufnehmen würden.

Im Jahr 1988 versuchte ich erneut, eine Arbeit zu finden. Das Arbeitsamt in Marzahn bot mir nun eine Stelle im Wissenschaftlich-Technischen Zentrum für Arbeitsschutz an. Trotz meiner „so genannten Vorbelastung“ wurde ich dort als Sekretärin eingestellt. Die Arbeit bereitete mir Freude und sie half mir, mein Selbstwertgefühl wieder aufzubauen.

In diesem Jahr siedelte Kadhim zu uns nach Berlin über, da sein Arbeitsvertrag in Prag ausgelaufen war. Wir waren nun glücklich, denn die Familie war endlich wieder vereint.

Mit dem Fall der Mauer im Jahre 1989 und dem darauf folgenden Zusammenbruch der DDR und des gesamten sozialistischen Lagers wurde eine Wende in der Entwicklung eingeleitet. Es begann die Zeit des Aufbruchs und der Veränderungen. Ich begrüßte die Wiedervereinigung Deutschlands sehr, die mit der Zusammenführung der Familien und der Freiheit der Menschen verbunden war.

Meine Arbeitsstelle, wie auch viele andere, wurde jedoch geschlossen bzw. abgewickelt. Mir wurde kurz danach eine Stelle in der Senatsverwaltung angeboten, die ich sofort annahm. Es überraschte mich sehr, dass bei der Einstellung meine Heirat mit einem Ausländer keine Rolle spielte.

Im Jahr der Vereinigung nahmen unsere beiden Kinder ein Studium an der Universität auf und mein Mann wurde als Wissenschaftlicher Mitarbeiter in einem Institut in Berlin eingestellt. So ging jeder seiner Beschäftigung nach und das Leben innerhalb unserer Familie nahm seinen geregelten Lauf.

Seit meiner Rückkehr nach Deutschland habe ich mich nach all den Jahren wieder gut eingelebt und neue Wurzeln geschlagen. Ich bin nun in ein Alter gekommen, wo das Sprichwort: „Einen alten Baum verpflanzt man nicht“ gut passen würde. Mein Mann und ich werden auf Grund dessen und wegen unserer Kinder, die in Deutschland Fuß gefasst haben, weiterhin in Deutschland bleiben und nicht mehr nach dem Irak zurückkehren.

Nachdem nun das Saddam-Regime gestürzt wurde und die Menschen im Irak hoffen, aufatmen zu können, könnten wir uns gut vorstellen, die Familie Kadhims hin und wieder im Irak zu besuchen.

Seit einiger Zeit befinde ich mich im Ruhestand und habe versucht, mich an mein bewegtes Leben zu erinnern.

Traudel Habib

September 2003

## Inhalt

**Sam Rapithwin: Mein deutsches Kind**. Stories aus dem Herzen der Republik. 140 Seiten. 13,00 Euro. ISBN 3-930761-25-4

**Moniro Ravanipur: Die Steine des Satans**. Erzählungen. 132 Seiten. 15,25 Euro. ISBN 3-930761-04-1

**Sabine Rieger: Ch@tlove**. Ein Internet-Roman. 344 Seiten. 20,35 Euro. ISBN 3-930761-16-5

**Martin Rudiger: Poetischer Schachzug**. Kurprosa und Lyrik. 118 Seiten. 11,80 Euro. ISBN 3-930761-29-7

**Parviz Sadighi: Capriccio nach Cervantes**. Erzählungen. 94 Seiten. 10,20 Euro. ISBN 3-930761-09-2

**Gholam-Hossein Saedi: Klein a, groß A**. Drama. 80 Seiten. 8,60 Euro. ISBN 3-930761-05-X

**Hermann Schulze-Berndt: Alle Bosheit dieser Erde.** Roman. 144 S., 13,70 Euro. ISBN 3-930761-20-3

**Armin Wertz: Tränen im Heiligen Land**. Erzählung. 240 Seiten. 19,00 Euro. ISBN 3-930761-33-0

**Liz Wieskerstrauch: Mitten im Film.** Eine fesselnde Liebesgeschichte aus der Perspektive der Kamera. 284 Seiten, 19,00 Euro. ISBN 3-930761-24-6

## Unsere Anthologien moderner iranischer Literatur

**Das kleine Geschenk. Iranische Anthologie**. 192 Seiten. 15,25 Euro. ISBN 3-930761-01-7

**Ein Bild zum Andenken. Zweite Anthologie**. 240 Seiten. 17,80 Euro. ISBN 3-930761-08-4

**Östliche Brise. Moderne iranische Erzählungen**. 168 Seiten. 15,25 Euro ISBN 3-930761-12-2

**Mina mit dem blauen Kleid**. Moderne Erzählungen iranischer Frauen. 200 Seiten. 20,35 Euro. ISBN 3-930761-13-0

## Unsere Sachbücher in der Reihe „Der andere Orient"

**Allafi, M.H.: Islam, Gesellschaft und europäische Moderne.** Chancen und Hindernisse für Demokratie und Zivilgesellschaft. 300 Seiten. 27,00 Euro. ISBN 3-930761-27-0

**Allafi, M.H.: Ein Fenster zur Freiheit.** 100 Jahre moderne iranische Literatur – 3 Autorengenerationen. 236 Seiten. 24,60 Euro. ISBN 3-930761-23-8

**Allafi, M. + S.: Iran an der Schwelle zur Demokratie?** Die erste islamische Republik in den Konturen der neuen Weltordnung. 137 Seiten. 18,00 Euro. ISBN 3-930761-33-5

**Allafi, Sabine: Bitteres Erbe.** Frauenleben in Iran heute. 168 Seiten. 16,40 Euro. ISBN 3-930761-22-X